Peter Payer

Der Gestank von Wien
Über Kanalgase, Totendünste
und andere üble Geruchskulissen

Peter Payer

DER GESTANK VON WIEN

Über Kanalgase, Totendünste
und andere üble Geruchskulissen

Döcker Verlag

Druck gefördert durch das Bundesministerium für Wissenschaft und Verkehr
und die Abteilung für Stadtenwicklung und Stadtplanung
/ Gruppe Wissenschaft der Stadt Wien

Die vorliegende Publikation basiert auf einer 1995/96 vom Wissenschaftsreferat
der Kulturabteilung der Stadt Wien geförderten Forschungsarbeit.

Die Deutsche Bibliothek – CIP-Einheitsaufnahme

Payer, Peter:
Der Gestank von Wien : Über Kanalgase, Totendünste
und andere üble Geruchskulissen /
Peter Payer. - Wien : Döcker, 1997
ISBN 3-85115-241-7

ISBN 3-85115-241-7
© 1997 Döcker Verlag GmbH & Co KG
A-1030 Wien, Hintzerstraße 11
Alle Rechte vorbehalten
Druck: MANZ, Wien

Für Barbara

INHALTSVERZEICHNIS

Einleitung   9

Zum aktuellen Stand der Geruchsforschung   15

Überblick 15
Die vergebliche Suche nach den Fundamentalgerüchen und das Problem des sprachlichen Ausdrucks von Geruchsempfindungen 17

Der lange Weg zur »reinen« Luft   23

»Nur eine gesunde Bevölkerung ist dem Staate erwünschlich«: Erste Versuche zur Politisierung der Gesundheit und des Gestanks 23
Die geruchlose Stadt: Ideal bürgerlicher Kultur 29
Neue Erkenntnisse über die Luft und die »Theorie des Miasmas« 43
Die Institutionalisierung der Hygiene in der kommunalen Verwaltung 50

Ein erster Befund: »Wien von seiner übelsten Seite betrachtet«   53

Kanalisation und Entwässerung   61

Die Verbannung des bedrohlichen Geruchs in den Untergrund 61
Wohnen und Arbeiten im Schutze der Dunkelheit und des Gestanks 68

Ventilation   79

Die Gefährlichkeit der »Kanalgase« 79
Die Belüftung der Stadt 79

Desinfektion 93

Carbolsäure, Eisenvitriol, Kalk 94
Pferdemist 97
Leichengestank 98
Öffentliche Bedürfnisanstalten und Pissoirs 106

Abdichtung und Reinigung der Straßen 115

Im Sommer Staub – im Winter Kot 115
Stein, Asphalt, Beton, Öl, Teer 119
Straßenpflege und Müllabfuhr 120

Beseitigung der Verunreinigungen aus Gewerbe und Industrie 143

Das Verweisen der übelriechenden Betriebe an den Rand
der Stadt 143
Die Diskussion um die »Rauchfrage« 151
Das Emporwachsen der Schlote 154
Der Einbau von »rauchverzehrenden Apparaten« 161

Eine neue Gefahr am Horizont: das Auto 167

Ein früher Warner: Michael Freiherr von Pidoll 167
Ausblick: Die Zunahme des Autoverkehrs
und dessen Auswirkungen auf die Stadtluft 173

Anmerkungen 179
Literaturverzeichnis 197
Bildnachweis 205

Einleitung

> »Welcher Organsinn ist der undankbarste und scheint auch der entbehrlichste zu sein? Der des *Geruchs*. Es belohnt nicht, ihn zu cultivieren oder wohl gar zu verfeinern, um zu genießen; denn es giebt mehr Gegenstände des Ekels (vornehmlich in volkreichern Örtern), als der Annehmlichkeit, die er verschaffen kann, und der Genuß durch diesen Sinn kann immer auch nur flüchtig und vorübergehend sein, wenn er vergnügen soll.«
>
> (Immanuel Kant)[1]

Im Unterschied zum Sehen und Hören wird dem Riechen in unserer Zeit eine deutlich untergeordnete Bedeutung beigemessen. Obwohl der Geruchssinn im zwischenmenschlichen Bereich noch immer eine zentrale Rolle spielt, hat er gesamtgesellschaftlich gesehen offenbar seine biologische und soziale Orientierungsfunktion weitgehend eingebüßt. Experten sprechen sogar von einer zivilisationsgeschichtlich nachweisbaren Verkümmerung des Geruchssinnes und einer abnehmenden Fähigkeit der Menschen, Gerüche einigermaßen differenziert wahrnehmen zu können.

Doch vielleicht gerade weil das Geruchsvermögen in unserer von visuellen Reizen überfluteten Gesellschaft zu verschwinden droht, haben sich seit Mitte der achtziger Jahre im deutschsprachigen Raum eine Reihe von Veröffentlichungen und Veranstaltungen mit dem Thema »Geruch« beschäftigt. Seit Patrick Süskinds Bestsellerroman *Das Parfum* und Alain Corbins historischem Werk *Pesthauch und Blütenduft* wird den verschiedensten kulturgeschichtlichen Aspekten der Gerüche vermehrt Interesse entgegengebracht. Die Palette reicht von Buch- und Zeitschriftenveröffentlichungen bis hin zu Radiosendungen, Ausstellungen und Kongressen.[2]

Einstimmig wird dabei darauf hingewiesen, daß es sich bei unserem Verhältnis zu den Gerüchen um ein in unserer Zivilisation weitgehend verdrängtes Kapitel in der Geschichte der Sinneswahrnehmung handelt:

»Die Ächtung des Geruchssinns – von Buffon als Sinn der Animalität bezeichnet, von Kant aus dem Feld der Ästhetik verbannt, später von den Physiologen zum bloßen Überrest der Evolution erklärt und von Freud mit der Analität verknüpft – hat das, was die Gerüche zu sagen haben, unter Verbot gestellt. Doch die Revolution der Wahrnehmung, die Vorgeschichte unserer heutigen, zur Geruchslosigkeit verdammten Umgebung, kann und darf nicht länger verschwiegen werden.«[3]

Es ist insbesondere die Stadt, in der sich in der Vergangenheit eine neue Sensibilität für Gerüche herausbildet. Im sich seit Beginn des 19. Jahrhunderts verstärkenden Mythos von der »kranken Stadt«[4] mit ihren Menschenmassen, Raumnöten und sanitären Übelständen spielen die Verhältnisse der Luft eine zentrale Rolle. Vom Lande Zugezogene müssen sich an sie erst gewöhnen. Die Beseitigung des als gesundheitsbedrohlich und zunehmend unerträglich empfundenen Gestanks fordert erneut beträchtliche Anstrengungen der Zivilisation gegen die schon gezähmt geglaubte Natur und Wildnis.

Angeregt durch die Ausführungen Corbins, der die Geruchsentwicklung von Paris anschaulich nachzeichnet, sowie durch eigene Vorarbeiten im Rahmen eines Forschungsprojektes[5], soll im folgenden der historische Umgang mit den Gerüchen in Wien schwerpunktmäßig untersucht werden. Im Zentrum des Interesses steht dabei die Frage, wie sich die heutige Geruchsarmut in der Stadt herausbildete, oder um es mit Corbin zu formulieren: »Wie kam es zu jener geheimnisvollen und beunruhigenden Desodorisierung, die uns unduldsam gemacht hat gegenüber allem, was die schweigende Geruchlosigkeit unserer Umgebung durchbricht? In welchen Etappen hat sich diese tiefgreifende Veränderung anthropologischer Art vollzogen? Was steht gesellschaftlich auf dem Spiel, welche Interessen verbergen sich hinter dieser Wandlung der Wertschätzungen und symbolischen Systeme?«[6]

Im Unterschied zu Corbin konzentrieren sich die folgenden Ausführungen jedoch ausschließlich auf die *geruchliche Reinigung des öffentlichen Raumes* in Verbindung mit *stadthygienischen Maßnahmen*. Die in Wien vor allem in der 2. Hälfte des 19. Jahrhunderts forcierten Strategien der Desodorisierung werden herausgearbeitet und in ihren medizinischen, sozialen, politischen und ökonomischen

Verflechtungen analysiert. Dabei richtet sich das Hauptaugenmerk naturgemäß auf die üblen, als bedrohlich empfundenen Gerüche, die Entwicklung und Gestaltung der Stadt ebenso prägten wie Alltag und Mentalität ihrer Bewohner.

Während im 18. Jahrhundert, in Verbindung mit der Herausbildung der Theorie des Miasmas, die Angst vor den üblen Gerüchen dominiert, gilt die Aufmerksamkeit im 19. Jahrhundert in erster Linie der Bekämpfung der Miasmen durch wissenschaftlich-rationale Argumente. Eine wesentliche Rolle spielt dabei das Bürgertum, das zur ökonomisch-kulturellen Führungsschicht in der Stadt aufsteigt und dessen Lebensstil zu einer geänderten Wahrnehmung und Beurteilung von Gerüchen führt. Mit seinen von Moral und Fortschritt durchdrungenen Hygienevorstellungen hat es entscheidenden Anteil an der Verdammung der üblen Gerüche aus der Stadt. Auch die übrige Bevölkerung, allen voran die Arbeiterschaft, wird allmählich von den neuen Geruchsstandards erfaßt. Übrig bleiben einige wenige Bevölkerungsgruppen, die im wesentlichen bis heute durch ihren arbeits- oder lebensbedingten Umgang mit üblen Gerüchen am Rande der Gesellschaft stehen. Wie dabei der Gestank als Mittel der sozialen Distinktion eingesetzt wird, soll am Beispiel der Kanalräumer, Straßenreiniger, Totengräber, »Miststierler«, Armen und Obdachlosen verdeutlicht werden.

Die allmähliche Veränderung der Geruchskulisse von Wien ist allerdings nicht einfach nachvollziehbar. Schon Patrick Süskind hält fest, daß es für das flüchtige Reich der Gerüche charakteristisch sei, in der Geschichte keine Spuren zu hinterlassen. Versucht man dennoch einige Spuren zu erhaschen, ist man auf eine Vielzahl unterschiedlichster Quellen angewiesen. Als Ausgangspunkt können zunächst die am Beginn des 19. Jahrhunderts verfaßten »medizinischen Topographien« dienen, jene ärztlichen Berichte, die das gesundheitsgefährdende Potential der Stadt darlegten und in denen daher aufschlußreiche Beschreibungen über den Zustand der Luft vor der Desodorisierung zu finden sind. Für die folgenden Jahrzehnte stehen Gutachten von Hygienikern, Ingenieuren und Städteplanern sowie insbesondere die »Jahresberichte des Wiener Stadtphysikats« zur Verfügung, aus denen unter anderen Umfang und Wirksamkeit legistischer Maßnahmen zur Gestanksverhinderung deutlich werden. Da es sich bei diesen Quellen, ebenso wie bei Gesetzestexten und Infektionsordnungen, um offiziell-behördliche Geruchswahrnehmungen handelt, erscheint es jedenfalls notwendig zusätzlich Autobiographien von Stadtbewohnern, Reisebeschreibungen und literarische Äußerungen zu berücksichtigen.

Gemeinsam ist allen verwendeten Quellen, daß die darin wiedergegebenen Geruchseindrücke meist sehr allgemein bleiben und häufig immer wiederkehrende Standardformulierungen aufweisen. Nur selten werden Geruchseindrücke einigermaßen differenziert wahrgenommen und in der Folge auch schriftlich festgehalten. Dies trifft in besonderem Maße auf die unteren sozialen Schichten zu, deren Geruchsempfinden somit fast ausschließlich durch den Filter bürgerlicher Wahrnehmung faßbar ist.

Als Ergänzung zur Literaturanalyse wurden gegenwärtige geruchsintensive Orte aufgesucht (Kanalnetz, Bedürfnisanstalten, Müllverbrennungsanlagen) und Gespräche mit Geruchsexperten geführt (Kanalräumer, Mitarbeiter des Instituts für Umweltmedizin und der städtischen Desinfektionsanstalt). Auch dabei stellte sich die bekannt hohe Subjektivität jeder Geruchsempfindung heraus und die Tatsache, daß sich unsere heutige Sensibilität für Gerüche mit ziemlicher Sicherheit nicht auf die Vergangenheit übertragen läßt. Doch soll es im folgenden auch weniger um die Rekonstruktion der ehemaligen Geruchslandschaft von Wien gehen als vielmehr darum, die sozialen Veränderungen aufzuzeigen, die von der geänderten Geruchswahrnehmung ausgelöst werden und die letztlich zu einer völligen Neuordnung der gesamten Stadt führen. Damit soll auch – wie bereits die Soziologin Marianne Rodenstein treffend bemerkt[7] – eine bestehende Lücke zwischen der traditionellen Geschichtsschreibung in der Medizin und jener im Städtebau geschlossen werden. Während sich erstere vor allem mit biographischen, krankheits- und institutionsgeschichtlichen Fragestellungen befaßt, konzentriert sich letztere zumeist auf ästhetische und bautechnische Gesichtspunkte. In der Verschränkung des Diskurses beider Disziplinen und deren Erweiterung um sozialhistorische Fragestellungen soll anhand der Geruchsgeschichte einer konkreten Stadt eine sinnvolle Symbiose erreicht werden.

Betrachtet man die heutige Situation in der Stadtplanung, zeigt sich zumindest in ersten Ansätzen eine Tendenz zur Rehabilitierung der Gerüche. Man wird sich zunehmend bewußt, daß mit der gründlichen Desodorisierung nicht nur die stinkenden Dünste aus der Stadt verschwanden, sondern auch die angenehmen Düfte, welche bestenfalls noch in einigen »Geruchsreservaten« zu finden sind. Jüngste Bestrebungen versuchen daher mittels gezielter Begrünung erneut eine »Reodorisierung« der Stadt einzuleiten. Immerhin: Für München gibt es bereits seit einigen Jahren eine »Duftkarte«, die den Stadtplanern als Entscheidungsgrundlage dient.[8]

Die folgenden Ausführungen verstehen sich daher nicht zuletzt auch als Diskussionsanstoß für den heutigen Städtebau, mit dem Ziel, sich künftig wieder stärker an den Geruchsinteressen der Bevölkerung zu orientieren. Die nachstehende Forderung eines Marketing-Fachmannes sollte auch für die Stadtplanung und Stadtgestaltung Gültigkeit haben: »Künftig wird es noch mehr denn je darauf ankommen, Produkte nicht nur technisch, haptisch oder optisch gut zu gestalten, sondern auch den Geruch als Informationsübermittler und Quelle emotionaler Zusatznutzen in die Produktplanung und -gestaltung zu integrieren!«[9]

Zum aktuellen Stand der Geruchsforschung

Überblick

Die wissenschaftliche Beschäftigung mit dem Geruch findet über lange Zeit fast ausschließlich in der Biologie, Physiologie, Psychologie und Medizin statt. Neben der Anatomie des Geruchsorgans beschäftigt man sich dabei vor allem mit der Funktionsweise der Geruchswahrnehmung und ihrer Abhängigkeit von anderen Sinneseindrücken,[10] dem Einfluß des Geruchs auf soziale und psychische Dispositionen[11] sowie der Heilwirkung von Gerüchen[12].

Von den neueren Arbeiten ist insbesondere das dreibändige Werk von Heinz Johann Krenn hervorzuheben, der in seiner »Psychosmologie« eine umfassende Lehre darüber aufzustellen versucht, wie Riechreize auf psychische Funktionen und Kräfte wirken. Er geht dabei auch ausführlich auf ein später noch zu erörterndes, grundlegendes Problem bei der Beschäftigung mit Gerüchen ein, das des sprachlichen Ausdrucks von Geruchsempfindungen.

Für die Umweltwissenschaften ist in erster Linie die Erforschung der unangenehmen Gerüche von Interesse. Seit Beginn der neunziger Jahre werden auch in Österreich stichprobenartig Erhebungen über das Ausmaß der Geruchsbelästigung in den Städten durchgeführt.[13]

Chemie, Metereologie und Technik befassen sich nur am Rande mit Gerüchen. Analysiert wird dabei unter anderem wie sich chemische Strukturen auf die Geruchswahrnehmung auswirken,[14] wie diese von Witterung und Wetter beeinflußt wird[15] oder welche Methoden es zur Eindämmung der Gestanksbelästigung bei technischen Großanlagen gibt.[16]

Seit einigen Jahren ist auch die historische Dimension des Geruchs in den Blickpunkt der Wissenschaft geraten. Ein Aspekt, der Schriftstellern und Philosophen übrigens bereits lange bekannt ist. Schon Marcel Proust erfuhr an sich selbst, daß Gerüche besonders dazu geeignet sind, Empfindungen aus der Vergangenheit – insbesondere der Kindheit – wachzurufen. Und Arthur Schopenhauer erklärte den

Geruchssinn gar zum »Sinn des Gedächtnisses«, da dieser »unmittelbarer als irgendetwas anderes den specifischen Eindruck eines Vorganges oder einer Umgebung, selbst aus der fernsten Vergangenheit, uns zurückruft.«[17]

Für die moderne Geschichtswissenschaft werden die Gerüche ab Mitte der achtziger Jahre zum erforschenswerten Thema. Der Impuls geht dabei von Vertretern der französischen Geschichtsschreibung in der Tradition der »Annales«-Schule aus. Als bahnbrechend kann hier die bereits erwähnte Arbeit von Alain Corbin bezeichnet werden, der mit seinem Buch *Pesthauch und Blütenduft (Le Miasme et la Jonquille)* ein Standardwerk zur Geschichte des Geruchs vorlegte. Er analysiert darin die sukzessive Veränderung der Geruchswahrnehmung und ihre Auswirkung auf den öffentlichen Stadtraum von Paris, auf soziale Randgruppen sowie auf private Hygienevorstellungen (Parfum).[18]

In Anlehnung an Corbin sind seit Ende der achtziger Jahre weitere historische Arbeiten über den Geruch erschienen: Während Annik Leguérer in *Die Macht der Gerüche (Les Pouvoirs de l'Odeur)* die Arbeit Corbins um literarische, philosophische, mythologische und sakrale Aspekte von der Antike bis zur Gegenwart ergänzt, zeichnet der Wiener Publizist Heinz Janisch in *Salbei & Brot* mittels Oral history erhobene Geruchseindrücke aus der Kindheit auf.

Bereits relativ gut erforscht ist die Geschichte des Parfums, dessen frühere Herstellung und Verwendung in zahlreichen literarischen, religiösen und medizinischen Texten beschrieben wird. Zwei Arbeiten dazu seien hervorgehoben: *Magie der Düfte (Parfums et Aromates de l'Antiquité)* von Paul Faure, eine detailreiche Abhandlung über die Wohlgerüche der Antike, und das bereits 1864 in Frankreich erschienene und inzwischen zum Klassiker gewordene Buch *Magie der Düfte* von Eugen Rimmel, das – vor kurzem wieder aufgelegt und neu übersetzt – die Geschichte des Parfums und der Toilette von der Antike bis ins 19. Jahrhundert behandelt.

Wesentliche Impulse für die Geruchsgeschichtsforschung gingen schließlich von der Soziologie aus, insbesondere von Norbert Elias, der sich in seiner Zivilisationstheorie mit dem Geruch am Beispiel des Wandels der Einstellungen zur öffentlichen Verrichtung der Notdurft beschäftigte und dessen kultursoziologische Geruchsbetrachtungen Peter Reinhart Gleichmann, Johan Goudsblom und vor allem Eva Barlösius seit Ende der siebziger Jahre ergänzten bzw. weiterführten. Aus der Soziologie kommt auch Marianne Rodenstein, die sich in *Mehr Licht, mehr Luft* mit der sozialen und politischen Bedeutung der Gesundheit für den deutschen Städtebau seit 1750 beschäftigt und dabei – in Anlehnung an Corbin – auch auf die Rolle der Gerüche in der Stadt eingeht.

Besondere Erwähnung verdient zuletzt noch ein im Sommer 1994 vom »Forum der Kunst- und Ausstellungshalle der Bundesrepublik Deutschland« in Bonn veranstalteter Kongreß, bei dem das Thema »Geruch« erstmals aus der Sicht verschiedener wissenschaftlicher Disziplinen (Biochemie, Neurobiologie, Zoologie, Architektur, Philosophie, Soziologie, Anthropologie, Parfumindustrie, Literatur- und Medienwissenschaft) diskutiert wurde.

Die vergebliche Suche nach den Fundamentalgerüchen und das Problem des sprachlichen Ausdrucks von Geruchsempfindungen

Im Laufe der wissenschaftlichen Erforschung der Gerüche fehlt es nicht an Ambitionen, die beinahe unüberschaubare Geruchswelt in klar abgrenzbare, elementare Bausteine zu zerlegen. Diese Bemühungen sind insofern recht aufschlußreich, als sie zeigen, wie von der Wissenschaft versucht wird, Gerüche mittels Sprache auszudrücken.

Bereits Linné stellt 1756 eine Klassifikation der Gerüche nach sieben Basiskategorien auf: odores aromatici, ambrosiaci, fragrantes, tetri, alliacei, hircini und nauseosi.[19] Parallel zu den Versuchen, die chemischen und physikalischen Grundlagen des Riechvorganges zu erklären, entsteht im 19. Jahrhundert die Theorie, daß es eine geringe Anzahl von fundamentalen Gerüchen geben müsse, aus denen sich alle anderen Gerüche als Mischungen zusammensetzen. Die verschiedensten Forscher isolieren und benennen jeweils vier, sechs, sieben oder neun derartige Fundamentalgerüche:

Tabelle: Hypothetische Fundamentalgerüche[20]

Autor	Anzahl und Art der Fundamentalgerüche	
Crocker & Henderson	4	duftig, sauer, brenzlig, abstoßend.
Henning	6	würzig, blumig, fruchtig, harzig, verbrannt, abstoßend.
Heynix	6	beißend, faul, brennend, würzig, flüchtig, lauchig.
Erb	6	kräftig, stechend, duftig, brenzlig, abstoßend, sauer.
Zwaardemaker	9	flüchtig, aromatisch, duftig, ambrosisch, lauchartig, brenzlig,
Amoore	14	ätherisch, kampferartig, moschusartig, blumig, faulig, pfefferminzartig, stechend, mandelartig, aromatisch, anisartig, zitronenartig, zedernartig, knoblauchartig, ranzig.

Allein die Vielzahl dieser Einteilungsversuche macht deutlich, daß das Gebiet der Gerüche zu vielfältig, zu flüchtig und zu subjektiv ist, um in das Gebiet der Sprache eindeutig und exakt übersetzt werden zu können. Rein chemisch betrachtet, stellt sich das Riechen als Durchzug von über zehntausend (!) Duftmolekülen dar. Doch wie der äußerst komplexe Geruchssinn letztlich funktioniert, ist bis heute ungeklärt: »Der Geruchssinn scheint sich, auch im Vergleich zu den übrigen vieren (Sinnen), der experimentellen Untersuchung auf oft seltsame Weise zu entziehen, durch die immer wieder zu groben Maschen derselben zu schlüpfen.«[21]

Der gescheiterte Versuch einer endgültigen Geruchsklassifikation macht deutlich, daß sich bei einer Beschäftigung mit den Gerüchen sofort das fundamentale Problem stellt, wie denn nun Geruchswahrnehmungen in Sprache umzusetzen seien. Die Gerüche, per se antistatisch und dynamisch, entziehen sich jeder Verdinglichung, weisen eine unaufhaltsame Tendenz zum Flüchtigen auf. Die olfaktorischen Wahrnehmungen sind je nach Witterung und Raumverhältnissen extrem unterschiedlich, zudem dürfte jeder Mensch ein weitgehend subjektives Geruchsempfinden haben, wobei auch geschlechtsspezifische Unterschiede zu bestehen scheinen und die Wahrnehmungsfähigkeit für Gerüche im Alter eindeutig abnimmt. Wie überhaupt die Unterscheidungsfähigkeit verschiedener Geruchsintensitäten im allgemeinen relativ wenig ausgebildet scheint. Man nimmt an, daß für die meisten Menschen in der Regel nur weniger als zehn Intensitätsabstufungen erkennbar sind.[22]

Hinzu kommt, daß es – wie bereits erwähnt – historisch gesehen durchaus unterschiedliche Sensibilitäten beim Empfinden von Gerüchen gibt und auch ihre Einschätzung als »angenehm« oder »unangenehm« je nach Kulturkreis erhebliche Unterschiede aufweist.

All diese Gründe mögen dafür ausschlaggebend gewesen sein, daß sich in der deutschen Sprache – und soweit bekannt auch in anderen Sprachen – kein differenziertes Vokabular für Geruchsempfindungen herausbildete. So ist man darauf angewiesen, sich dem Reich der Gerüche mit Hilfe von Vergleichen, Metaphern und Symbolen zu nähern.[23] Man bedient sich dabei meist der Angabe der Geruchsquelle selbst oder zieht Vergleiche mit ähnlichen, im Alltag üblichen Geruchsquellen. So spricht man beispielsweise von blumig, pfefferminzartig, holzig etc.

Der Historiker Paul Faure, der bei seiner Erforschung der antiken Düfte natürlich auch mit diesem Problem konfrontiert war, weist darauf hin, daß insbesondere der beim Riechen in der Regel ebenfalls aktive Geschmacks- und Tastsinn häufig zur sprachlichen Umsetzung von Geruchsempfindungen herangezogen wird (zum Beispiel ein saurer, zärtlicher oder aufdringlicher Geruch).[24] Faure legt sich im Laufe seiner dreißigjährigen Forschungstätigkeit ein kleines Lexikon der Gerüche an, in dem er jene allgemein gebräuchlichen Adjektive vermerkt, die sowohl die Eigenschaften der Düfte als auch deren Wirkung bezeichnen. Einige Beispiele daraus seien genannt: ätherisch, aggressiv, lang anhaltend, flüchtig, unbeständig, aufdringlich, duftig, aufreizend, beißend, erregend, abstoßend, fein, intensiv, kontrastreich, kräftig, leicht, lieblich, mild, ölig, penetrant, pikant, samtig, sanft, süß, stark, streng, stechend, scharf, schwer, voll, weich, zart, herb, bitter, sauer, scharf, ambrosisch, ekelhaft, würzig, köstlich, animalisch, verschwommen, betäubend, ekelerregend, opiumhaltig,

19

ranzig, tonisch. Trotz dieser sprachlichen Hilfsmittel und Umwege bleibt, so Faure, der von den Lesern aufzubringende Anteil an Vorstellungskraft notwendigerweise ziemlich groß.[25]

Im Zuge der Recherchen für die vorliegende Arbeit können derartige Erfahrungen nur bestätigt werden. Geruchswahrnehmungen werden nur in den seltensten Fällen – am ehesten noch in literarischen Quellen – einigermaßen differenziert beschrieben. Bei der olfaktorischen Wahrnehmung des Gestanks tauchen im 19. Jahrhundert stets die gleichen Bezeichnungen auf: »unangenehme«, »pestartige«, »schädliche«, »faulende«, »üble« Ausdünstungen bzw. »Miasmen«. Wie überhaupt meist das Wort »Miasma« genügte, um die bedrohliche Eigenschaft des Gestanks zu versinnbildlichen.

Derartige Defizite können vom Autor natürlich nicht behoben werden. So muß es letztlich auch in dieser Arbeit über weite Strecken der Phantasie der Leser überlassen werden, sich aufgrund eigener Erfahrungen ein plastischeres Bild der geschilderten Geruchsverhältnisse von Wien zu machen.

Aus historischen Reiseberichten geht hervor, daß die Wahrnehmung von Gerüchen zu jenen Eindrücken gehört, die auf das unmittelbarste mit dem erstmaligen Erleben einer Stadt verbunden sind. Manche Reisende konnten die von ihnen besuchten Städte sofort an ihrem spezifischen Duft erkennen. So meinte man, Athen sei staubig, Jerusalem rieche innerhalb der Festungsmauern nach Hammel und Öl, Palermo nach Zitrusfrüchten, Kairo nach billigem, gegerbtem Leder, Sanaa nach Gewürzen, Delhi nach feuchter Erde, Bangkok nach Baumharzen und Weihrauch, Djakarta nach Blumen.[26]

So stellt sich die Frage, welche Gerüche einst Wien prägten. Gab es einen typischen »Wien-Geruch«, der diese Stadt von anderen europäischen Metropolen unterschied? Welche Gerüche verbergen sich dahinter, wenn Johann Pezzl 1803 die Atmosphäre von Wien als diejenige mit der »schlechtesten Luft« bezeichnet?[27] Welche Gegenden sind es, die im 19. Jahrhundert als besonders übelriechend empfunden werden?

Mit Beginn des industriellen Zeitalters und dem Einsetzen der Massenmotorisierung dürfte sich das Geruchsspektrum allerdings einigermaßen verschoben und angeglichen haben. Abgase der Autos und Emissionen der Industriebetriebe überlagern heute, in Wien ebenso wie in anderen Städten, zunehmend deren ehemals eigenständige Geruchslandschaft, die über Jahrhunderte hindurch von den spezifischen geographischen Gegebenheiten und wirtschaftlich-kulturellen Aktivitäten der Bewohner geprägt war. Ein international ähnliches »Geruchseinerlei« bildete sich heraus, dessen steigende Intensität heute von immer mehr Menschen als Belästigung empfunden wird. 1993 fühlten sich bereits rund 23 Prozent der Österreicher in ihren Wohnungen durch Gerüche beeinträchtigt, wobei das Ausmaß der Geruchsbelastung mit zunehmender Gemeindegröße deutlich ansteigt.[28] In einer jüngeren Untersuchung aus dem Jahr 1995 finden gar nur 28 Prozent der Wiener Bevölkerung die Luft in ihrer Stadt »sauber«.[29]

Neben dieser geruchlichen Grundbelastung, an die viele Städter sich auch schon wieder gewöhnt haben, kommt es überdies immer wieder zu überraschenden »Gestanksattacken«. So zuletzt Ende Oktober 1996, als ein lebensmittelverarbeitender Betrieb im Südwesten Wiens größere Mengen an übelriechenden Gasen freisetzt, die von den angrenzenden Bewohnern als »nach Baldrian«, »wie Fäkalien« oder »nach Öl« riechend beschrieben werden.[30]

Allmählich lebt der einst energisch bekämpfte Mythos von der »kranken Stadt« mit ihren zum Himmel stinkenden Zuständen wieder auf.

Der lange Weg zur »reinen« Luft

An der Wende vom 18. zum 19. Jahrhundert beginnt sich die europäische Stadt grundlegend zu wandeln. Die allmähliche Auflösung des absolutistischen Feudalstaates im Schatten der Französischen Revolution, das nach politischer Macht strebende Bürgertum mit seinen neuen Vorstellungen von Recht und Moral, die beginnende Industrialisierung sowie neue wissenschaftliche Theorien über die Entstehung und Verbreitung von Krankheiten führen zu einer neuen Gesundheitsorientierung in den Städten, denen ihr rasanter Bevölkerungsanstieg zunehmend zum Problem wird. Im folgenden seien einige dieser Entwicklungslinien nachgezeichnet, deren Zusammenwirken schließlich nicht nur in Wien zur energisch vorangetriebenen geruchlichen Reinigung der Stadt führen wird.

»Nur eine gesunde Bevölkerung ist dem Staate erwünschlich«: Erste Versuche der Politisierung der Gesundheit und des Gestanks

In der zweiten Hälfte des 18. Jahrhunderts löst sich die Gesundheitsvorsorge allmählich aus der individuellen Verantwortung des einzelnen heraus. Sie wird erstmals zum politischen Gegenstand staatlichen Handelns. Die unter anderem in den philosophischen Überlegungen von Christian Wolff und den staatswissenschaftlichen Schriften von Josef von Sonnenfels begründete Idee des Wohlfahrtsstaates geht davon aus, daß der Obrigkeitsstaat die Gesundheit der Bevölkerung zu fördern habe. Dabei spielen jedoch weniger moralische als vielmehr bevölkerungspolitische Überlegungen eine Rolle. Der Staat erkennt den ökonomischen und militärischen Wert einer ausreichenden Anzahl gesunder und leistungsfähiger Untertanen. Nur gesunde Menschen können im Frieden ihren Berufsaufgaben nachgehen und geben auch im Krieg widerstandsfähige Soldaten ab. Damit nimmt der Staat zwar erstmals die individuellen Interessen seiner Untertanen wahr, diese sind allerdings weiterhin seinen eigenen Interessen untergeordnet.

Eine »medizinische Polizey« wird ins Leben gerufen, die sich, gestützt durch die Legitimationsideen des aufgeklärten Absolutismus, die Kontrolle und Durchsetzung hygienischer Vorschriften in allen Lebensbereichen zur Aufgabe macht und damit auch zur Sicherheit im Staat beitragen soll. An die Stelle individueller, mit religiösen Riten durchsetzter Praktiken sollen allmählich »von oben« verordnete Gesundheitsgesetze und Verhaltensvorschriften treten.[31]

Während die Diätetik um die Jahrhundertmitte noch von einer individuellen Verantwortung für die Gesundheit ausgeht und die Auffassung vertritt, daß, wer gesund sein wolle, das auch könne, richtet sich das Interesse der nun in großer Zahl veröffentlichten Schriften der »medizinischen Polizey« auf die Lebensumstände, die der einzelne nicht zu verantworten hat, die ihn aber krank machen können. Der Staat und seine Bürokratie sind aufgerufen, diese zu regulieren.

Das bedeutendste Werk über die »medizinische Polizey« wird 1791 von dem deutschen Arzt Johann Peter Frank (1745–1821) herausgebracht, der vier Jahre später auch einige Zeit in Wien als Direktor des Allgemeinen Krankenhauses tätig sein wird. In seinem sechsbändigen *System einer vollständigen medicinischen Policey* entwickelt er, ausgehend vom Grundsatz, daß »nur eine gesunde Bevölkerung dem Staate erwünschlich (ist)«,[32] ein umfassendes System der »medicinischen Policey«, die er definiert als

> »eine Vertheidigungskunst, eine Lehre, die Menschen und ihre thierischen Gehülfen wider die nachtheiligen Folgen größrer Beysammenwohnungen zu schützen, besonders aber deren körperliches Wohl auf eine Art zu befördern, nach welcher solche, ohne zuvielen physischen Uebeln unterworfen zu seyn, am spätesten dem endlichen Schicksale, welchem sie untergeordnet sind, unterliegen mögen.«[33]

Nach Meinung Franks und seiner Ärztekollegen wirken sich die großen Menschenansammlungen und engen Raumverhältnisse in den Städten besonders schädlich auf die Gesundheit ihrer Bewohner aus. Während Frank sich jedoch in erster Linie mit der Anlage von Brunnen, der Reinlichkeit des Trinkwassers und der Anlage gesunder Wohnungen beschäftigt, geht der in Leipzig wirkende Arzt Ernst Ben-

Der Arzt Johann Peter Frank (1745–1821) weist als einer der ersten auf die gesundheitsschädlichen Verhältnisse in den Städten hin.

jamin Gottlieb Hebenstreit erstmals auch ausführlich auf die krank machende Luft mit ihren schädlichen Ausdünstungen ein. In seinem Werk *Lehrsätze der medicinischen Polizeywissenschaft* schreibt er über die Gesundheitsverhältnisse in großen Städten:

> »Das meiste kommt [...] auf die Reinigkeit der Luft an. Ohne diese kann der Mensch nicht bestehen; aber nur eine reine Luft ist zur Erhaltung des Lebens und der Gesundheit tauglich; eine unreine, mit feuchten, faulen, brennbaren, metallischen und andern fremden Stoffen überladene Luft verursacht mancherlei Krankheiten und nicht selten den Tod. [...] die Gesundheit ihrer (gemeint sind die Städte; Anm. P.P.) Bewohner leidet um desto mehr, je größer die Masse menschlicher und andrer Ausdünstungen ist, durch welche die in ihren Mauern eingeschlossene Luft immerfort verderbt wird.«[34]

Hebenstreit schlägt eine Reihe von Maßnahmen vor, mit denen die Luftverhältnisse in der Stadt zu verbessern wären: geradlinige und ausreichend breite Gassen, große freie Plätze, zahlreiche geräumige Stadttore, niedrige Stadtmauern, ein dichtes und festes Straßenpflaster, Rinnen und Gossen zum Abfluß der Feuchtigkeit, unterirdische gemauerte Kloaken, regelmäßige Abfuhr des Unrats, Kehrung und Besprengung der Straßen mit Wasser, Verlegung der Fabriken, Werkstätten und Friedhöfe aus der Stadt.[35] Und auch die Anlage von öffentlichen Abtritten könnte seiner Meinung nach einiges zur Luftverbesserung beitragen:

> »Es ist eben so unanständig als ekelhaft, und trägt nicht wenig dazu bey, die Masse der schädlichen Ausdünstungen zu vermehren und die Luft zu verderben, wenn alle Winkel der Straßen mit den Ausleerungen der Vorübergehenden besudelt werden. [...] Doch ist es in sehr großen Städten fast nothwendig, an schicklichen Orten und in gehörigen Entfernungen öffentliche Abtritte anzulegen.«[36]

Damit benennt Hebenstreit erstmals jene hygienischen Strategien, die im 19. Jahrhundert zur geruchlichen Reinigung der Stadt angewandt werden sollten. Der Glaube an die unverzügliche Wirksamkeit derartiger Maßnahmen ist aber auch Ausdruck eines völlig neuartigen Verhältnisses zur Stadt. Der von mechanistischen Vorstellungen geprägte medizinische Blick zerlegt die Stadt in einzelne Teilbereiche, deren reibungsloses Zusammenspiel – analog zum Menschen – einen komplexen Organismus ergibt: Frank spricht vom »Körper der Stadt«[37]. Dieser muß regelmäßig untersucht und auf seine Gesundheit hin überprüft werden. Wie beim Menschen sind auch hier unangenehme Gerüche als Alarmsignal zu werten: Achtung! Hier krankt es! Die übelriechenden Bereiche der Stadt werden als Hinweis auf kranke Teile verstanden, die sich gefährlich ausbreiten und unter Umständen den ganzen Stadt-Körper infizieren können.

Um 1800 beginnen Ärzte einzelne Stadtteile auf ihre Gesundheitsgefahr hin zu untersuchen und ihre Ergebnisse in »medizinischen Topographien« zu veröffentlichen. In diesen in Wien von D.Z. Wertheim, Peter Lichtenthal oder Joseph Bosing verfaßten Schriften wird die Luft stets als eine der Hauptursachen für die hohe Sterblichkeit in der Stadt genannt. Sie stellt sich als ein von üblen und gefährlichen Gerüchen durchsetzter Brodem dar, den zu »trinken« die Bevölkerung ständig genötigt ist:

> »Die zwischen engen Strassen, hohen Häusern und gedrängten Wohnungen ohnehin schon eingeschlossene Luft, wird durch das Athmen vieler Menschen, Pferde, Hunde und anderer Hausthiere, durch ihren Unrath, und anderweitige Ausdünstungen, so wie durch jene, welche mit manchen Gewerben verbunden sind, im höchsten Grade verdorben, und man kann mit Gewißheit annehmen, dass Niemand eine Luft trinke, die nicht kurz vorher in der Lunge eines Andern gewesen wäre. Bekanntlich aber athmet man dieselbe Luft kaum 4mahl ein, und so wird aus dem nützlichsten Lebensbalsam das fürchterlichste Gift.«[38]

Die ausführlichen Empfehlungen der Ärzte in den »medizinischen Topographien« und »medizinischen Polizeyen«, in denen sich das Wissen um die gesundheitsfördernden und -schädigenden Bedingungen des Stadtlebens ebenso widerspiegelt wie die Möglichkeit seiner Verbesserung durch baulich-räumliche Maßnahmen, richten sich in erster Linie an den Landesherrn bzw. die Obrigkeit, die durch Gesetze auf die Lebensverhältnisse in den Städten Einfluß nehmen können. So läßt etwa in Wien Joseph II. den Prater und den Augarten als Erholungsgebiet für die Bevölkerung öffnen und Zuchthäusler als Straßenkehrer einsetzen. Weiterreichende gesetzliche Maßnahmen sind jedoch nicht nur hier so gut wie wirkungslos. Trotz der von den Ärzten eindringlich dargelegten sanitären Übelstände bleiben die Ansätze zu einer hygienischen Neuordnung der Städte in ihren Anfängen stecken.

Nach Marianne Rodenstein hat das Scheitern dieses ersten Versuchs einer Politisierung der Gesundheit vor allem mit der konservativen Ausrichtung dieser Bewegung zu tun, die auf die Macht des absoluten Herrschers setzt. Das obrigkeitsstaatliche Regelungen kritisierende Bürgertum verhält sich diesen Vorschriften gegenüber ablehnend. Zwar ist es sich des Wertes von Gesundheit und reiner Luft sehr wohl bewußt, zu sehr fühlen sich die Bürger jedoch bis ins Privatleben hinein am Gängelband herrschaftlicher Polizeivorschriften. »Solche Vorstellungen von der Unmündigkeit der Bevölkerung paßten kaum noch in eine Zeit, in der die Ideen der Französischen Revolution von den angeborenen, durch Verfassung zu schützenden Menschenrechten, von der Freiheit, Gleichheit, Sicherheit und Eigentum immer weitere Verbreitung fanden.«[39]

Den Ärzten bleibt letztlich nur der Verdienst, die Gesellschaft erstmals auf den Gestank in der Stadt und seine schädlichen Wirkungen auf die Gesundheit aufmerksam gemacht zu haben. Erst mit der Abkehr von der absolutistischen Herrschaft zu rechtsstaatlichen Prinzipien und der Emanzipation der bürgerlichen Gesellschaft werden auch im Bereich der Gesundheit und damit des Gestanks konkrete Verbesserungen möglich sein.

Die geruchlose Stadt: Ideal bürgerlicher Kultur

Um die Bedeutung des Gestanks in der Stadt zu verstehen, ist es notwendig, sich zunächst zu vergegenwärtigen, welche Rolle die Gesundheit im Leben der Bevölkerung, insbesondere für das städtische Bürgertum spielt.

Zu Beginn der Neuzeit hat die Gesundheit ihre bisherige Bindung an die herrschende Klasse weitgehend verloren. Im Zusammenwirken mit dem Ethos des Protestantismus entwickelt sich immer mehr eine planvoll, religiös orientierte Lebensweise des Bürgertums, dem die Gesundheit zu einer verbindlichen Richtschnur des täglichen Lebens und Handelns wird.[40]

Diese enge Bindung der Gesundheit an religiöse Ziele ändert sich allmählich zu Beginn des 18. Jahrhunderts. Ein gesundes Leben zu führen wird zu einem eigenen Wert, da es von sich aus zur Verlängerung des Lebens führt. Nach wie vor sind jedoch Moral und Gesundheit identisch, es kommt lediglich zu einer Herauslösung der Moral aus der Religion, zu einer »Säkularisierung« der Moral. Moralische Lebensführung wird gleichbedeutend mit gesunder Lebensführung, die auch all jenen zuteil werden soll, die noch kein moralisch verantwortliches, das heißt bürgerliches Leben führen.[41]

Der Körper wird jenen mächtigen rationalen Disziplinierungsstrategien unterworfen, die Michel Foucault am Beispiel des Strafvollzugs, des Umgangs mit der Sexualität oder der Behandlung Geisteskranker ausführlich beschreibt und die – einmal verinnerlicht – für die bürgerliche Lebensführung charakteristisch werden sollten. Ernährung, Verdauung, Schlaf und Sexualität werden von Regeln geleitet, die Triebe kontrolliert. Damit wird ein wesentlicher Schritt der Formung der psychischen Struktur in Hinblick auf Affektkontrolle und Langsicht getan, jenen Merkmalen des bürgerlichen Sozialcharakters, die Norbert Elias in seiner Zivilisationstheorie darlegt. Im voranschreitenden zivilisatorischen Prozeß kommt es schließlich – so Elias – zur Internalisierung des Bedürfnisses nach Gesundheit und Reinlichkeit in immer breiteren Schichten der Gesellschaft, die damit eine steigende Vorhersehbarkeit und damit Sicherheit des Lebens gewinnt.

In den im 18. Jahrhundert propagierten Vorschriften zu einer diätetisch begründeten Verhaltens- und Lebensweise mit ihren moralischen Standards wird dieser Wandel in der Einstellung zum eigenen Körper deutlich. »Die Gesundheitserziehung, die Beachtung der Regeln der Diätetik werden zu einem der Mittel, über die sich die bürgerliche Lebensweise verallgemeinert und die kulturelle Hegemonie des Bürgertums dauerhaft begründet wird.«[42]

An der Wende vom 18. zum 19. Jahrhundert ist die individuelle Vorsorge für die Gesundheit bereits ein unverzichtbarer Bestandteil der bürgerlichen Lebensweise. Gesundheit ist Bürgerrecht *und* Bür-

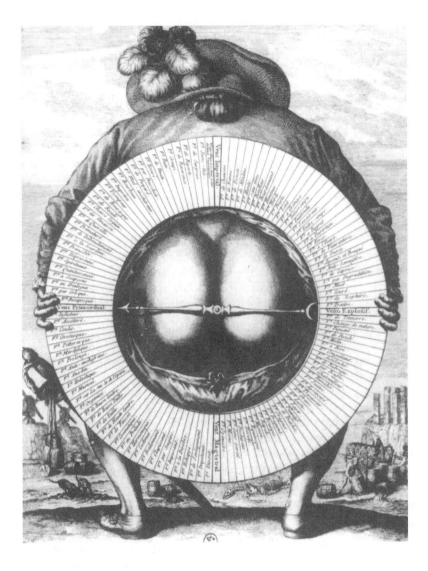

Ausdruck gesteigerter Geruchssensibilität: »Neuer Kompaß für sensible Nasen« in der Landschaft des Schindangers von Montfaucon/Paris.

gerpflicht geworden.[43] Sie gilt nicht nur aus moralischen Gründen als hoher Wert, körperliche Sauberkeit und Reinlichkeit stellen auch die Grundvoraussetzungen der eigenen Tatkraft und unternehmerischen Initiative dar. Moralische Lebensführung, wirtschaftlicher Erfolg, Gesundheit und Reinlichkeit sind in den Augen des Bürgertums untrennbar miteinander verbunden, sind sichtbarer Ausdruck des kulturellen Fortschritts.

Corbin gibt für das Interesse des Bürgertums an der Reinlichkeit aber auch noch einen weiteren entscheidenden Grund an: die wachsende Sensibilisierung des Geruchssinns, die etwa um die Mitte des 18. Jahrhunderts einsetzt.[44] Zwar ist übler Gestank immer schon mit Krankheit assoziiert worden, die neuen medizinisch-chemischen Erkenntnisse über die Luft führen jedoch zu einem Wiederaufleben der Miasmentheorie, die einen eindeutigen Zusammenhang zwischen Gestank und Krankheit konstatiert. Dies bedeutet aber auch, daß nur mit Hilfe der Nase die in der Atmosphäre lauernden gefährlichen Gase gerochen und damit vermieden werden können. Corbin zitiert Louis-Sebastian Mercier, der diese Revolution der Geruchswahrnehmung in den achtziger Jahren des 18. Jahrhunderts beschreibt:

> »Vor zwanzig Jahren schluckte man das Wasser einfach herunter, ohne besonders darauf zu achten; aber seit die Familie der Gase, die Gattung der Säuren und der Salze am Horizont erschienen sind [...], zieht man allerseits gegen die mefitische Luft ins Feld. Dieses neue Wort hat sich durchgesetzt wie ein gewaltiges Sturmläuten; überall sieht man bedrohliche Gase, und die Geruchsnerven zeugen plötzlich von einer überraschenden Sensibilität.«[45]

Man kann annehmen, daß die hier für Frankreich nachgezeichnete Entwicklung mit einiger Verzögerung auch für Österreich gilt. Allmählich wird es zu einer Art Selbstschutz, den Geruchssinn zu verfeinern, üble Gerüche rechtzeitig wahrzunehmen und die Quellen des Gestanks zu vermeiden bzw. zu beseitigen.

In weiterer Folge wird sich diese enge Bindung von Gestank und Krankheit allmählich auflösen. Die bürgerliche Nase beginnt immer mehr unter dem Gestank als solchem zu leiden. Ihr scheint die unreine Luft in den Städten nicht nur aus gesundheitlichen, sondern auch aus moralischen Gründen verderblich, wie bereits Hebenstreit formulierte: »Sehr große Städte, oder nach dem Verhältnis ihrer Größe übervölkerte Städte sind schon in politischer und moralischer Rücksicht dem gemeinen Wohl mehr schädlich als förderlich.«[46] Besonders die geruchsintensive Art der Fäkalienabfuhr ist für bürgerliche Kreise zunehmend untragbar, ist Ausdruck einer überkommenen Lebensweise. Gerade die in Wien relativ früh in Angriff genommene Kanalisation ist somit auch eine Entscheidung dafür, die Ansprüche der neuen bürgerlichen Geruchswahrnehmung zu akzeptieren und zum allgemein gültigen Standard zu erheben. Schmutz und Gestank aus der Stadt zu verbannen, wird zum Ausdruck urbaner Modernität, ist Anzeichen wirtschaftlichen und kulturellen Fortschritts. Mit seiner Forderung nach größtmöglicher Geruchlosigkeit drückt das Bürgertum der Stadt seinen kulturellen Stempel auf.[47]

Geruchlosigkeit wird allmählich in allen Lebensbereichen zur Norm erhoben. Zunehmend internalisiert, wirkt sie sich nicht nur auf die städtische Umwelt aus, sondern dringt bis in die privatesten Bereiche vor. Peter Reinhart Gleichmann hat – in Anlehnung an Elias – diesen Prozeß am Beispiel der Aborte nachgezeichnet, die sich in Zusammenhang mit der Erhöhung der Scham- und Peinlichkeitsschwelle zunächst vom öffentlichen Raum ins Haus und schließlich in die Wohnung hinein verlagern, wo die Fäkalien mit Hilfe des Wassers geruchlos entsorgt werden.[48] Öffentliches Urinieren und Defäzieren auf der Straße und an Hauswänden wird sozial geächtet, ist nur mehr in eigens dafür errichteten Bedürfnisanstalten erlaubt, die analog zur der von Gleichmann beschriebenen »Verhäuslichung« dieser Verrichtungen abgeschirmt und mit einzelnen Zellen ausgestattet werden und so vertraute Wohnatmosphäre suggerieren.

Das dringende Bedürfnis des Bürgertums nach reiner Luft zeigt sich im Biedermeier auch in der Anlage von üppig wuchernden, verträumten Hausgärten, die angesichts der in Österreich vergebens eingeforderten bürgerlichen Freiheiten nicht nur als politische Rückzugsorte zu interpretieren sind, sondern auch als geruchliche Reservate, in denen die Düfte der Zierpflanzen und Rosen den Gestank auf den Straßen vergessen lassen. Die hier verwirklichte bürgerliche Geruchsästhetik sollte später auch in der Anlage größerer Parks wie dem Volksgarten oder dem Stadtpark Berücksichtigung finden.[49]

Ingenieure, Architekten, Ärzte[50], Verwaltungsbeamte und Politiker werden zu den wichtigsten Vertretern der hygienischen Interessen der bürgerlichen Gesellschaft. Sie gründen nach deutschem Vorbild[51] auch in Wien eine »Österreichische Gesellschaft für Gesundheitspflege«, die es sich zur Aufgabe macht, der Bevölkerung die Bedeutung der öffentlichen Gesundheitspflege zu vermitteln. Die wachsenden wissenschaftlichen Erkenntnisse auf diesem Gebiet sollen auch in der Praxis angewandt werden. In der 1881 abgehaltenen konstituierenden Generalversammlung wird der anerkannte Arzt Theodor Billroth zum ersten Präsidenten der Gesellschaft gewählt, im Vorstand scheinen zahlreiche bekannte Vertreter aus der Politik, der Ärzteschaft und dem Bauwesen auf, unter anderen Johann von Schrank (Vizebürgermeister von Wien), Friedrich Stach (k.k. Baurat), Moritz Gauster (k.k. Sanitätsrat und Primararzt), Theodor Ritter von Goldschmidt (Zivilingenieur und Gemeinderat), Franz Gruber und Josef Novak (Professoren für Hygiene an der Universität Wien), Ludwig Ritter von Karajan (k.k. Stadthaltereirat und Landessanitätsreferent), Heinrich Lichtblau (Ingenieur des Stadtbauamtes).[52]

In einem eigenen wissenschaftlichen Publikationsorgan, den *Mittheilungen der Österreichischen Gesellschaft für Gesundheitspflege*[53], und den ab 1896 für die breite Masse der Bevölkerung herausgegebenen *Volksschriften der Österreichischen Gesellschaft für Gesundheitspflege* werden die hygienischen Erfordernisse der modernen Großstadt erläutert. Aufsätze über die Gesundheitsschädlichkeit des Rauches, die Luftverhältnisse entlang des Wienflusses oder neue Desinfektionsmittel spiegeln das Bewußtsein dieser Kreise wider, daß die Beseitigung des Gestanks mit zu den dringlichsten Aufgaben der Stadtsanierung gehört.[54]

Um die Grundgesetze der Hygiene in der Bevölkerung weiter zu verbreiten werden bald auch eigene Ausstellungen organisiert. 1887 wird erstmals begleitend zu dem in Wien stattfindenden »Internationalen Congress für Hygiene und Demographie« eine hygienische Ausstellung in der Universität gezeigt, bei der unter anderen auch aktuelle Stadtsanierungsmaßnahmen von Wien erläutert werden.[55]

Den Höhepunkt dieser Bemühungen stellt schließlich die vom 12. Mai bis 15. Juli 1906 in der Rotunde veranstaltete »Allgemeine Hygienische Ausstellung in Wien–Rotunde 1906« dar, die ihre »große kulturelle Mission« darin sieht, die Bevölkerung auf umfassende Weise über die Bedeutung der Hygiene aufzuklären und sie mit den neuesten Erkenntnissen auf diesem Gebiet vertraut zu machen:

> »Man hat die Hygiene die jüngste Tochter der Medizin genannt. Sie ist es. Aber sie wandelt nicht die engen, abgeschlossenen Bahnen ihrer Mutter. Nur wenigen, durch jahrelanges Studium herangebildeten Jüngern gewährt Äskulap den Eintritt in sein Heiligtum. Der Menge bleibt Heilwissenschaft und Heilkunst ein Geheimnis. Nicht so die Tochter Hygiene. Sie tritt hinaus ins Volk, Gesundheitspflege kann und soll jedermann kennen, kann und soll jedermann üben. Treten ihre Gebote doch allüberall im täglichen Leben an uns heran, in Wohnung, Kleidung und Nahrung, in Schule, Kaserne und Küche, und nicht minder in unserer ganzen Erwerbstätigkeit. Krankheiten heilen kann nur der Arzt, Krankheiten verhüten kann jeder Mensch.
> Besonders das enge Zusammenleben größerer Menschenmassen in den Städten mit seinen mannigfachen gesundheitsschädlichen Begleiterscheinungen zwingt geradezu jeden einzelnen, sich mit den Anforderungen der Hygiene vertraut zu machen, in seinem eigenen und seiner Mitmenschen Interesse.«[56]

Auf einer Fläche von 13.685 m² zeigen insgesamt 1174 Aussteller, davon 852 aus Österreich-Ungarn, eine hygienische Leistungsschau, wie sie noch nie zuvor in Wien zu sehen war. Eine eigene Abteilung – die »hervorragendste und vornehmste der ganzen Ausstellung« – ist dabei der öffentlichen Hygiene gewidmet, in der die Stadt Wien ihre Fortschritte auf diesem Gebiet präsentiert. Die Ausstellung ist ein großer Erfolg. Rund eine halbe Million Besucher werden gezählt.[57] Damit wird deutlich, welch großen Stellenwert die Hygiene inzwischen in der Öffentlichkeit erlangt hat. Und dies sollte, wenn möglich in Zukunft noch gesteigert werden. Denn im Frühjahr 1925 wird abermals eine große Hygieneausstellung, diesmal im Messepalast, veranstaltet.

Doch zurück zu der oben erwähnten »Österreichischen Gesellschaft für Gesundheitspflege«, deren Mitglieder am Zustandekommen der Hygieneausstellungen maßgeblich beteiligt sind, wie überhaupt deren Einfluß auf die Stadtpolitik nicht hoch genug eingeschätzt werden kann. Nicht zuletzt aufgrund ihrer Forderungen werden umfangreiche Maßnahmen zur Säuberung und geruchlichen Reinigung der Stadt beschlossen. Daß diese – wie etwa im Falle der Kanalisation – äußerst kostspieligen Zwangsmaßnahmen letztlich akzeptiert werden, liegt zum einen daran, daß sie nicht mit dem bürgerlich-liberalen Politikverständnis kollidieren (die Errichtung der Schwemmkanalisation ermöglicht sogar den Wegfall von polizeilicher Verhaltenskontrolle), zum anderen hat die gestanksfreie Luft aus Angst vor den immer wiederkehrenden Seuchen inzwischen einen derart hohen Stellenwert erlangt, daß man sogar bereit ist, dafür finanzielle Mehraufwendungen und geringe Einschränkungen der persönlichen Freiheit hinzunehmen.[58] Vorbild ist dabei England, das klassische Land einer liberalen Staats- und Wirtschaftsauffassung. Hier zeigt man erfolgreich vor, daß es möglich und sinnvoll ist, gewisse Rechte der Bevölkerung zugunsten einer Verbesserung ihrer Gesundheit einzuschränken. Im Unterschied zu den Vorschlägen des absolutistischen Staates akzeptiert das Bürgertum nun die verordneten stadthygienischen Maßnahmen, weil sie seinem ureigensten Interesse entspringen und entsprechen.

Hinzu kommt die allgemeine politische Situation. Nach dem Fehlschlagen der Revolution von 1848 wird das enttäuschte liberale Bürgertum in die Horte der Selbstverwaltung – die Städte und Universitäten – abgedrängt, viele Staaten gehen erneut einer neoabsolutistischen Restaurationsphase entgegen. In Wien hat das Bürgertum mit der 1850 erlassenen Provisorischen Gemeindeordnung erstmals auch politisch die Chance, seine Vorstellungen einer neuen Lebensordnung zu verwirklichen. Die 1861 beginnende liberale Ära Wiens wird denn auch die entscheidende Phase in der Durchsetzung der vom Bürgertum so lange geforderten Desodorisierungsstrategien werden.

Und noch ein weiteres, sich aus der sozioökonomischen Entwicklung ergebendes Moment erlangt im 19. Jahrhundert zunehmend Bedeutung. Mit der beginnenden Industrialisierung setzt ein enormer Zuzug in die Städte und ihre Vororte ein. Allein zwischen 1815 und 1840 steigt die Zahl der Bewohner in vielen europäischen Städten um über fünfzig Prozent (in Wien von rund 224.500 im Jahre 1812 auf 339.400 im Jahre 1840), in manchen Metropolen verdoppelt sie sich sogar. Auf eine derartige Bevölkerungsexplosion ist man in keinster Weise vorbereitet. Nicht nur, daß zuwenig Wohnungen zur Verfügung stehen, auch das Problem der Stadtreinigung, die Beseitigung der Abfälle, des Unrats und der Fäkalien, verschärft sich erheblich. In immer größeren Schichten der Arbeiterschaft machen sich neue Formen der Verelendung bemerkbar, hervorgerufen durch niedrige Löhne, lange Arbeitszeit und drückende Wohnungsnot. In den überfüllten Elendsquartieren regieren Krankheit und Alkoholismus. Die im bürgerlichen Leben so bedeutsamen Ideale der Vernunft, Ästhetik, Moral, Diszipliniertheit und Vorsorge für den eigenen Körper haben hier keinen Platz. 1851 mahnt der deutsche Hygieniker Friedrich Oesterlen:

> »Nicht leicht kann das geistig-sittliche Leben im Elend der Armuth, mitten in Schmutz und schlechtem Beispiel von Kindheit an gedeihen, – bei Sklaven, Leibeigenen so wenig als zum Beispiel beim heutigen Fabrik-Proletariat, überhaupt bei den ärmeren, verwahrlosten Volksclassen.«[59]

Die neuen Formen der Verelendung lenken das bürgerliche Geruchsinteresse zunehmend weg von den natürlichen Gegebenheiten der Luft, des Bodens und des Wassers hin zum Sozialen. Der Gestank der Armen wird dabei – so Corbin – in erste Linie als Folge der »Imprägnation« erklärt: »Wie der Boden saugt auch die Haut, vor allem aber die Kleidung des Arbeiters faulige Säfte auf.« Ab dem zweiten Drittel des 19. Jahrhunderts sei denn auch eine deutliche Verschärfung des Ekels vor proletarischen Gerüchen festzustellen, der auch ohne Ausflüchte zugegeben wird.[60]

Die Entstehung des Industrieproletariats entspricht nun weder in materieller noch in ideeller Hinsicht den Erwartungen, die das Bürgertum an die Durchsetzung der bürgerlich-kapitalistischen Gesellschaftsordnung knüpfte. Die Leistungsressourcen der Bevölkerung scheinen gefährdet, die Spaltung der Gesellschaft in zwei Klassen zeichnet sich ab, eine Vorstellung, die der seit der Französischen Revolution gehegten bürgerlichen Utopie von politischer und sozialer

Gleichheit zuwiderläuft. Als sich dann auch noch die Arbeiterschaft politisch zu organisieren beginnt, wächst im bürgerlichen Lager die Erkenntnis, daß gegen das soziale Elend etwas unternommen werden müsse, um damit einschneidenderen sozialen Veränderungen vorzubeugen. Führt man die Arbeitermassen an bürgerliche Verhaltensstandards heran, können sie – so hofft man – eingegliedert und in gewisser Weise berechenbar gemacht werden.[61]

Sozialreformatorische Bestrebungen tauchen auf, mit dem Ziel, die Arbeiter zu moralischen, reinlichen und fleißigen Bürgern zu erziehen. In einem deutschen Ratgeber für Arbeiterfrauen, 1881 vom bürgerlich-katholischen Verein »Arbeiterwohl« herausgegeben, heißt es:

>»Die Reinlichkeit ist die Beschützerin der Gesundheit, der Hort der Sittsamkeit, die Grundlage aller Schönheit und auch deiner Schönheit. Ohne sie ist dein Haus widerwärtig, sein Schmutz ekelhaft, alle Zierde und selbst das Gold nur häßlich; ohne Reinlichkeit und Ordnung ist das ganze Familienleben höchst unbehaglich. [...] Halte alles in Ordnung und rein, was dir untersteht und nur irgend im Bereiche deines Hauses weilt, aber vor allem auch dich selber. [...] Wasche täglich und zwar mehr als einmal, nach Vollendung jeder schmutzigen Arbeit: Hände, Gesicht und Hals, sei nicht nachläßig im Ordnen deiner Haare, im Reinigen deiner Zähne und im Wechseln deiner Wäsche und besorge auch allen Familienmitgliedern frische, reine Wäsche recht oft und regelmäßig.«[62]

Doch erst die Gewalt der kapitalistischen Ökonomie mit den ihr inhärenten Disziplinierungsregeln indoktrinierte der breiten Masse der Unterschichten allmählich die fehlenden bürgerlichen Wertvorstellungen. Dazu gehörten nicht zuletzt auch ein geändertes Verständnis von Gesundheit und das schon bekannte Verhältnis zum Gestank.

Längst ist das Bürgertum in der Stadt zur ökonomisch-kulturellen Führungsschicht geworden, an deren gesundheitlichen und geruchlichen Normen sich alle anderen Bevölkerungsgruppen – wenn auch letztlich unter dem Zwang der wirtschaftlichen Verhältnisse – zu orientieren haben. Und auch wenn der üble Geruch sich gegen Ende des 19. Jahrhunderts allmählich von seiner Bindung an Gefahr und Krankheit loszulösen beginnt, so bleibt er doch ein Mittel der sozialen Identifikation. In der »Physik der sozialen Demütigung der niederen

Volksschichten«[63] fungiert die bürgerliche Nase als entscheidendes Distinktionssorgan, das sozialen und räumlichen Abstand von jenen Personen und Menschengruppen fordert, deren Nähe man zu meiden trachtet. Sie werden für übelriechend und stinkend erklärt, gesellschaftlich stigmatisiert und an den Rand der Stadt verbannt. Umgekehrt erwartet man von den als stinkend Gebrandmarkten, daß sie von selbst auf Distanz gehen.[64] Dies trifft auf Kranke, Gefangene, Obdachlose, »Miststierler« und Lumpensammler[65] ebenso zu wie auf Angehörige jener Berufsstände, die übelriechende Arbeiten verrichten: Färber, Gerber, Lederarbeiter, Darmsaitenmacher, Abdecker (Verwerter von totem Vieh), Totengräber, Straßenkehrer oder Kanalräumer[66]. Das (Vor-)Urteil der Nase über diese »Kumpanen des Gestanks«[67] wird letztlich auf alle Angehörigen der sozialen Unterschicht ausgedehnt – und auch von der Wissenschaft bestätigt:

> »Dass Kanalarbeiter, Abdecker, überhaupt die meisten Menschen aus den untern Volksschichten völlig gleichgültig sind gegen übelriechende, und durch Fäulnisgase u.s.w. verunreinigte Luft und dass sie ohne Schaden für ihre Gesundheit geradezu mit einem gewissen Behagen sich innerhalb ihrer Kleidung und Wohnung eine mit übelriechenden Zersetzungsgasen imprägnirte Luft herstellen, ist in einigen Lehrbüchern der Hygiene erwähnt und kann wohl von jedem Arzt bis zu einem gewissen Grade bestätigt werden.«[68]

Bis heute stellen die Gerüche nur schwer verrückbare Barrieren zwischen den sozialen und ethnischen Bevölkerungsschichten dar. Die enge Verknüpfung von Geruch und Moral mag hier eine ebenso große Rolle spielen wie die latente Angst vor ansteckenden Krankheiten, die die Einstellung zum Gestank wesentlich mitprägt.

»Kumpanen des Gestanks«. Blinder Lumpensammler mit seiner Frau, 1812.

Neue Erkenntnisse über die Luft und die »Theorie des Miasmas«

Für die Menschen des ausgehenden 18. Jahrhunderts ist die Nase ein lebenswichtiges Organ. Es gilt, wachsam zu sein. An vielen Orten ist die Luft erfüllt von giftigen Substanzen, deren Einatmung zu Schädigungen der Gesundheit und sogar zum Tod führen kann.

Ursache dieser Ängste ist die Mitte des Jahrhunderts gewonnene Erkenntnis der Chemiker, daß die bis dahin als elementares Fluidum geltende Luft ein Gemisch bzw. Resultat einer chemischen Verbindung darstellt. Diese kann unmittelbar in die Textur lebender Organismen eindringen. Beim menschlichen Körper geschieht dies nicht nur durch Einatmen, auch durch einfachen Kontakt mit der Haut, durch den ständigen Austausch der Poren oder durch den Verzehr von Speisen.[69]

Allerdings: Die Luft dringt nicht nur ein, sie nimmt auch auf:

> »Die Atmosphäre gleicht einem riesigen Behälter, der die Ausdünstungen der Erde ebenso speichert wie die pflanzlichen und tierischen Absonderungen. Die Luft ist eine bedrohliche Brühe, in der sich alles mischt: Rauch, Schwefel, wasserhaltige, flüchtige, ölige und salzige Dämpfe, die von der Erde aufsteigen, ja gegebenenfalls auch die feurigen Materien, die unser Boden ausspuckt, die aus den Sümpfen kommenden Dünste sowie winzige Insekten, deren Eier, allerhand Aufgußtierchen und, schlimmer noch, die ansteckenden Miasmen der verwesenden Körper.«[70]

Die eigentliche Bedrohung geht, wie hier schon angedeutet, von den in der Natur ständig ablaufenden Fäulnisprozessen aus, deren übelriechende, faulige Ausdünstungen (Miasmen) bei Aufnahme durch den Menschen das labile Gleichgewicht der Kräfte im Inneren des Körpers erschüttern. Verläuft der dauernde Kampf in den Eingeweiden des Menschen zugunsten der Fäulnis, sind Krankheit und Tod die Folge. Der Gestank wird als Bewegung vom Tod zum Tod empfunden, während die aromatischen Wohlgerüche eine Stärkung der Lebenskräfte bewirken. Sie stehen dem Lebensprinzip nahe und werden daher als Heilmittel zur Bekämpfung von Krankheiten eingesetzt.[71]

Eine entscheidende Rolle kommt in dieser Hinsicht den verseuchten Gewässern und vor allem dem Boden zu, der wie ein Schwamm sämtliche Abfälle, Exkremente und Kadaver aufsaugt, einem Fäulnisprozeß unterwirft und in Form von giftigen Dämpfen wieder abgibt:[72] »Der vollgesogene Boden, der dank einer riesigen Ansammlung von Scheiße, dank der verfaulten Rückstände von Aas oder Leichen und dank der zahllosen Risse bereits locker, wenn nicht sogar flüssig wirkt, ist mit Sicherheit einer der größten Alpträume dieser Zeit.«[73]

Die Angst vor Krankheitsübertragung, hervorgerufen durch das Einatmen von stinkenden und fauligen Gerüchen (»miasmatische Infektion«), ist allgegenwärtig. Geschichten von auf diese Weise erkrankten und zu Tode gekommenen Personen scheinen derartige Befürchtungen nur allzu deutlich zu bestätigen:

> »Von einem Todtengräber (er)zehlet er, da er den Leichenstein von dem Grabe eines Jünglings, der vor etwelchen Tagen begraben worden, hinwegwelzte, um selben seiner kostbaren Ringe und Anzugs zu berauben, er plötzlich vor Gestanke auf die Leiche selbst todt dahin gesunken seye. Erst dieses Jahr A. 1783 ist der Todtengräber von St. Ulrich, ein starker junger Mann, da er ein Grab zu jäh öffnete, mit einer plötzlichen Entkräftung und so bösartigem Faulfieber dahin gestrekt worden, daß man von seinen Leben verzweifelte, und (er) nur mit höchster Mühe gerettet wurde.«[74]

Die zersetzende Kraft des Miasmas zeigt sich in ihrer schrecklichsten Form im Gestank der Leichen. Nirgends sonst ist die Verknüpfung von Übelriechendem und Tod so evident wie in der Frage des Leichengestanks. Der Schrecken des Todes findet seinen riechbaren Ausdruck im Gestank von verfaulenden Körpern: »In der ganzen Natur ist nichts schröckbahreres zu sehen, nichts schauderendes zu riechen, welches mit einem in Faulung zerfliessenden Menschen Körper in Vergleich könnte gezogen werden.«[75]

Angesichts vieler mangelhaft verschlossener Grüfte, zu seichter Erdgräber auf den Friedhöfen und zu früher Exhumierungen kann der sich ausbreitende Fäulnisgestank unter Umständen zur Gefahr für eine ganze Stadt werden:

»[...] dergleichen verfaulende stinkende Dämpfe, welche entweder aus einstweilen eröffneten Gräbern, oder zwischen den Zusammenfügungen der Leichensteine, oder durch die Zwischenräume der dürren ausgetrockneten Erde und Sande, oder aus deren Krüften hervordringen, nicht nur die Luft, welche inner den geheiligten Kirchenwänden enthalten, sondern sogar den äußeren Umkreise und Gegend der Kirche selbst verunreinigen und der Gesundheit unzuträglich machen; nun dieses muß sonderbahr auf die Kirchhöfe anwendbahr seynd, weil in diesen immer eine Erneuerung der Fäulnisse durch die ankommenden Leichen, und eine immerwährende Erneuerung der faulenden Ausdünstungen durch das Umgraben der Erde vorkömmt, wodurch sich diese giftigen Dünste auch um die benachbarten Gegenden der Kirchhöfe verbreitten.
Hierdurch werden die Gegenden um die Kirchhöfe fiebersüchtig [...], können [...] auf solche Art ganze Gegenden, Gemeinde und Städte angestecket und ein Schlachtopfer epydemischer Krankheiten werden.«[76]

Die Angst vor Seuchen, die in der Vergangenheit die Städte regelmäßig heimsuchten, ist groß. Nur allzu gut sind den Menschen noch die Verheerungen der Pest in Erinnerung (in Wien zuletzt 1713/14). Nun taucht eine neue Seuche auf: die aus Indien kommede Cholera. 1830 erstmals unvermutet in Europa ausgebrochen, fordert sie in fast allen Großstädten das ganze 19. Jahrhundert hindurch tausende Opfer. Ihre Verbreitung schreibt man in erster Linie den aus verseuchten Gewässern aufsteigenden Miasmen zu.[77]

Für die städtische Gesundheitspolitik hat das Auftreten der Cholera einschneidende Folgen. Der Schrecken dieser Seuche, die von den Hygienikern achtungsvoll als »Polizei der Natur« bezeichnet wird,[78] gibt nicht nur in Wien, sondern in ganz Europa den Impuls zur hygienischen Neuorientierung und Desodorisierung der Stadt.

Aber die Cholera ist nur eine jener vielen »miasmatischen Krankheiten«, die die Bevölkerung bedrohen: Scharlach, Typhus, Diarrhöe oder Pertussis (Keuchhusten) stellen mindestens ebenso große Gefahren dar.[79] Bald hat fast jeder im eigenen Verwandten- und Bekanntenkreis die Erfahrung einer Ansteckung mit tödlichem Ausgang gemacht. Und dies könne nicht nur die unteren Gesellschaftsschichten betreffen, wie Carl Reclam 1880 warnend betont:

»Man glaube ja nicht, daß die Keime von Cholera, Typhus und bösartiger Halskrankheit vor einem Adelsbrief oder dem Titel eines Ministers oder Feldmarschalls Respekt haben. Denkt nicht, daß die verdorbene Luft der Straße, die vom Winde vorwärtsgetrieben wird, umkehrt und untertänig ausweicht, wenn sie auf die mit Marmor oder Bildhauerarbeit verzierten Fenster stößt. Seid davon überzeugt, daß die Krankheitskeime aus den Wohnungen der Proletarier durch die Luft ebensowohl in den Salon und das Schlafzimmer des ersten Staatsdieners geführt werden können.«[80]

Die allgegenwärtige Bedrohung durch die Miasmen läßt mancherorts auch recht irrationale Vorstellungen über deren Bekämpfung entstehen. Eine deutsche medizinische Zeitschrift berichtet 1864 nicht ohne ironischen Unterton über die in einer sächsischen Stadt angeordneten Maßnahmen:

»Dort war nämlich soeben der obligate Straßenmoder ausgekehrt und in kleinen Häufchen nahe den Rinnsteinen deponiert worden. Ein enorm widriger Geruch machte sich breit. Da wird die in einer Viertelstunde bevorstehende Ankunft des Königs telegraphiert. Groß war die Verlegenheit des Bürgervorstehers. Doch der Einfall eines Stadtverordneten half ihm glücklich heraus. Es wurden sofort alle Gefangenen und Vagabunden aus dem Rathauskeller und Gewahrsam herausgelassen und in Reih und Glied an die Gestankstätten befehligt, um sodann den Geruch aufzuriechen, wobei sie auf Ordre die Nasenflügel recht weit rhythmisch zu öffnen und zu schließen hatten.«[81]

Schon bald wird die Gefährlichkeit der Miasmen durch wissenschaftliche Forschungen bestätigt. Aufbauend auf den Erkenntnissen der Chemie, Physik, Physiologie und Statistik, hat sich die Hygiene zur wissenschaftlichen Disziplin und Gesundheitslehre entwickelt. Anders als die Diätetik oder die medizinalpolizeilichen Vorschriften, die für die Richtigkeit ihrer Aussagen keine stichhaltigen Beweise anführen konnten, baut die wissenschaftliche Hygiene nun auf exakten Methoden und kontrollierten Experimenten auf, mit deren Hilfe sie überzeugend darlegt, was für die Erhaltung der menschlichen Gesundheit förderlich sei und was nicht.

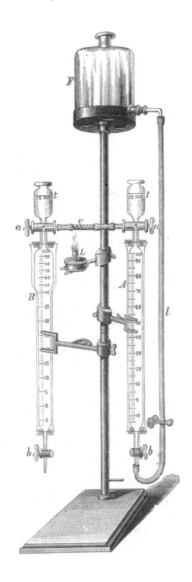

Meßgerät zur Untersuchung der Gase in der Luft, um 1890.

Gestanksexperte Max von Pettenkofer (1818–1901).

Bereits 1844 wird in Frankreich das erste umfassende Lehrbuch der Hygiene verfaßt, zahlreiche andere Lehrbücher folgen. Im deutschsprachigen Raum ist es Max von Pettenkofer (1818–1901), Schüler des Chemikers Liebig, der 1865 in München erstmals einen Lehrstuhl für Hygiene einrichtet und auch in »populären Vorlesungen« die Regeln einer hygienischen Lebensführung verbreitet. Seine Erkenntnisse werden zu den Grundlagen der neuen Disziplin, die sich 1875 auch in Österreich auf universitärem Boden etabliert.[82]

Die Aufmerksamkeit Pettenkofers gilt in erster Linie der Erforschung der physikalischen und chemischen Eigenschaften der Umwelt und deren Auswirkungen auf die Physiologie des Menschen. Die Umweltfaktoren, insbesondere Luft und Boden sind es, die seiner Meinung nach bei der Ausbreitung von Seuchen wie der Cholera die entscheidende Rolle spielen:

»Entsprechend dem constanten und überall sichtbaren Einfluß des Bodens denke ich mir, daß die cholerakeimtragenden Excremente, welche sich in das poröse, bereits sonst imprägnierte Erdreich verbreiten, durch die feine Vertheilung, welche sie hiebei erleiden, den stetig fortgehenden Fäulnis- und Verwesungsprozeß in einer Art und Weise abändern, daß sich außer den gewöhnlichen Gasarten hiebei ein Cholera-Miasma entwickelt, welches sich dann mit den übrigen Exhalationen in den Häusern verbreitet.«[83]

Pettenkofers auf empirischen Untersuchungen basierende »Bodentheorie« belegt, daß aus dem von Exkrementen und Schmutzwasser verseuchten Boden jene giftigen Choleramiasmen austreten, deren Einatmung zur Ansteckung führen.[84] Diese wissenschaftliche Absicherung hat weitreichende soziale Folgen, wie Marianne Rodenstein betont: »Die gesellschaftliche Bedeutung der Bodentheorie kann wohl kaum hoch genug eingeschätzt werden. Sie lenkte nun endgültig den bürgerlichen Blick auf die verschmutze Umwelt in den Städten.«[85]

Das von Wissenschaftsgläubigkeit und optimistischen Vorstellungen von gesellschaftlichem Fortschritt durchdrungene Bürgertum findet sich in seiner Wertschätzung der Gesundheit, die von der Stadtluft aufs äußerste bedroht scheint, bestätigt. Jetzt können, ausgehend von gesicherten wissenschaftlichen Erkenntnissen, wirksame Strategien zur Krankheits- bzw. Gestanksbekämpfung entwickelt werden. Die Theorie der »miasmatischen Infektion« hält sich, obwohl zunehmend umstritten, äußerst hartnäckig. Erst die mikrobiologischen Entdeckungen Louis Pasteurs widerlegen Ende des 19. Jahrhunderts endgültig die Gefährlichkeit der Miasmen (Koch entdeckt 1883 den Cholera-Erreger, Gaffky 1884 den Typhus-Bazillus). Die Versicherung der Gelehrten, daß ansteckende Keime für die Weitergabe von Krankheiten verantwortlich seien, bringt zunehmend eine – auch mentale – Trennung von schlechtem Geruch und Krankheitsgefahr. Allmählich setzt sich auch außerhalb wissenschaftlicher Kreise die Erkenntnis durch, daß nicht alles tötet, was stinkt, und nicht alles stinkt, was tötet.[86]

Die Institutionalisierung der Hygiene in der kommunalen Verwaltung

Mit der Verabschiedung des »Sanitäts-Hauptnormativs« von 1770 wird das gesamte öffentliche Gesundheitswesen erstmals juristisch geregelt und zu Beginn des 19. Jahrhunderts auch administrativ in Richtung einer flächendeckenden Gesundheitsvorsorge erweitert. Das öffentliche Gesundheitswesen werden von nun an in den Hauptstädten die »Stadtphysiker« mit ihren Gehilfen, auf dem Land die Kreis-, Distrikts- und Kreiswundärzte besorgen.[87] Über das Amt des Physikus heißt es 1844:

> »Der Physikustitel, als der bezeichnendste Name für Staats-Ärzte, deren Wirksamkeit nicht in dem engen Begriffe des Arztes als Heilkünstler zu suchen ist, gebührt jedem Arzte, der vom Staate zur Handhabung der medizinischen Polizei oder zur Besorgung der öffentlichen oder Armen-Krankenpflege aufgestellt ist.«[88]

In Wien sind zwei Stadtphysiker tätig. Während sich der erste um alle ärztlichen Untersuchungen in Kriminal- und Zivilfällen sowie in Polizeisachen kümmert, ist der zweite Stadtarzt für das öffentliche Gesundheitswohl zuständig, wobei er sich – unterstützt von einem

Infektions-Oberchirurg – insbesondere mit den ansteckenden Krankheiten beschäftigt. Neben diesen zwei Stadtphysikern sind 1840 in Wien noch vier Stadtarmen- und acht Polizeibezirksärzte im Physikatsdienst.[89]

Die geänderten politischen Verhältnisse, der doch relativ ineffizient gebliebene Verwaltungsapparat des Sanitätswesens, neue medizinische Erkenntnisse, vor allem aber der Druck des immer rascheren Bevölkerungswachstums und der zunehmenden gesundheitlichen und sozialen Probleme in den Städten erfordern 1870 abermals eine Reform des staatlichen Gesundheitswesens, in deren Rahmen auch eine Dezentralisation der Sanitätsverwaltung beschlossen wird.

Zwar sind künftig im Wiener Stadtphysikat weiterhin zwei Stadtphysiker für das gesamte öffentliche Gesundheitswesen der Stadt und ihrer Vorstädte zuständig, als städtische Beamte sind sie nun jedoch dem Magistrat unterstellt. Dr. Franz Innhauser und Dr. Eduard Nusser, die ersten Inhaber dieses neuen Amtes, verstehen sich jetzt auch nicht mehr ausschließlich als Ärzte, sondern als Hygieniker. Sie analysieren mit Hilfe physikalischer und chemischer Untersuchungsmethoden und unter Zuhilfenahme der Statistik Krankheitshäufigkeiten und beurteilen so den Zustand des »Stadt-Körpers«.[90] Ihre besondere Aufmerksamkeit gilt der Bekämpfung von Seuchen und Infektionskrankheiten. Im Auftrag des Gemeinderats erstellen sie regelmäßig einen Jahresbericht, in dem die gesundheitliche Lage der Bevölkerung beschrieben wird. Aktuelle Sterbeziffern und Statistiken über bestimmte Krankheitsfälle sind darin ebenso enthalten wie ausführliche Bemerkungen über beanstandete hygienische Mißstände oder neu entwickelte Desinfektionsmethoden. Das Stadtphysikat ist damit – auch in geruchlichen Belangen – die entscheidende Kontrollinstanz für die Gesundung der Stadt.

Der ständig steigende Arbeitsaufwand bedingt in den achtziger Jahren erneut eine Umstrukturierung. Es wird nur mehr ein Stadtphysikus bestellt, dem jedoch zusätzlich zwei Stellvertreter, zwei Assistenten sowie mehrere Sanitätsaufseher zur Seite stehen. Das Stadtphysikat selbst wird in zwei Abteilungen gegliedert, eine hygienische und eine rein ärztliche.[91] 1895 führt man den Titel »Oberstadtphysikus« ein, den ab 1898 Dr. Emil Kammerer und ab 1902 Dr. Theodor

Szongott innehat. 1918 schließlich erfolgt die Umwandlung des Stadtphysikats in eine eigene Magistratsabteilung »Städtisches Gesundheitsamt«. Die Hygiene hat sich damit endgültig als zentrales Anliegen der Kommune etabliert und innerhalb der Stadtverwaltung ihren institutionellen Platz gefunden.

Doch zurück zu den ersten Jahren des 19. Jahrhunderts, als die sanitären Verhältnisse der Stadt Wien noch ein überaus »dankbares« Untersuchungsfeld für Ärzte und Hygieniker darstellen.

Ein erster Befund: »Wien von seiner übelsten Seite betrachtet«

Wie bereits gezeigt, konzentriert sich die Aufmerksamkeit der frühen Hygieniker vor allem auf den Zustand der Stadtluft. Sie ist es, die ihrer Meinung nach den Gesundheitszustand der Bevölkerung am meisten beeinträchtigt und deren giftige Bestandteile auch das lebensnotwendige Wasser verseuchen. 1815 bringt der Wiener Arzt Nikolaus Theodor Mühlibach in seiner Studie *Wien von seiner übelsten Seite betrachtet* erstmals eine differenzierte Auflistung jener Orte und Tätigkeiten, die für die Verderbnis der Luft und damit auch wesentlich für die hohe Sterblichkeitsrate in der Stadt – mit 5–6 Prozent weit höher als etwa in Paris oder London – verantwortlich sind. Seine Eindrücke seien an dieser Stelle etwas ausführlicher zitiert, da sich in ihnen jene breitgefächerte Palette des Gestanks erahnen läßt, die Wien am Beginn des 19. Jahrhunderts ernsthaft zu bedrohen scheint:

> »a. Fleischbänke. [...] die Schlächter haben eigene, in verschiedenen Gegenden der Stadt befindliche Hütten oder Gewölber welche man da Fleischbänke nennt; [...] Diese Fleischbänke sind ein wahres Aergerniß für das Auge, und eine unausstehliche Qual für eine nicht ganz abgestumpfte Nase, allein auch eine reichhaltige Quelle der Luftverpestung; [...] Wer daran zweifelt, der gehe zur Sommerszeit, nur an einem mäßig warmen Tage, etwa aus der Bischofsgasse auf den hohen Markt, oder durch die Kärntnerstrasse gegen das Thor, oder vom tiefen Graben gegen die Freyung; und wenn er nicht eingesteht, es wäre ihm vorgekommen, als ginge er bey einem Schindanger vorüber, wo die betreffenden Leute eben in Beerdigungen begriffen sind, so steht es mit seinem Geruchs-Organe nicht am besten. Es geht so weit, daß der, welcher gesund riecht, und an diesen Aas-Geruch nicht schon gewöhnt ist, in der Nähe dieser Fleischstände ganz ausser Macht gesetzt wird, zu athmen; und wohl auch, bey der nächsten Mahlzeit, nur deswegen kein Fleisch ansehen noch geniessen kann, weil er bey der Fleischniederlage vorbeygegangen ist. [...]
> b. Flußbett. Es sind zwey fließende Wässer, der Wienfluß und der Alserbach, welche in jenen Vorstädten, die sie durchströmen, ungemein viel zum Verderbnisse der Luft beytragen. Die meisten Kinder der an diesen zwey Gewässern wohnenden Leute, leiden an der Drüsenkrank-

heit, fast alle haben ein blasses, aufgedunsenes Aussehen. Der aus diesen unreinen Quellen hervorgehende Geruch ist für den Ungewohnten unerträglich, und verbreitet sich weit.

c. Gassenkoth. Nicht weniger unbekümmert, als die vorhergehenden Bewohner der Wien und des Alserbaches, [...] bezeigen sich die Bewohner vieler Vorstädte Wiens, in Hinsicht des Gassenkothes vor ihren Häusern. [...]

d. Handwerke und Gewerbe. Es gibt eine nicht geringe Anzahl von Handthierungen, welche so beschaffen sind, daß sie ihrer Natur nach schädliche Stoffe in die Luft verbreiten, und folglich das Gesundheitswohl untergraben. [...] Einige dieser Handwerke sind in Wien, außer den Kreis der größten Menschenmassen verwiesen. Doch gibt es noch mehrere derselben, welche ungehindert, und wie es scheint, ungefürchtet mitten in der Stadt und den volkreichsten Vorstädten, fortgesetzt werden, und ohne Zweifel wesentlich zum üblen Zustande der Luft beytragen. Man erinnere sich nur an die Farbenreibereyen der Mahler; an die Anstreicher der Wägen und anderer Dinge mit giftigen Farben; an die Hutmacher; die Vergolder, Versilberer und Verzinner; an die Beschaffenheit und Einrichtung der Laboratorien (Werkstätte) der Chymisten und Apotheker; [...]

Wer sich etwa der Gefahr aussetzen will, selbst Augenzeuge davon zu seyn, der gehe zum Beyspiele, nur bisweilen durch die Naglergasse beym dortigen Kupferschmiede vorbey. Wo das Verzinnen von kupfernen Küchengeschirren so oft an die Tagesordnung kommt. Da wird er (vielleicht mit Erstaunen) sehen, daß [...] aus dem niedrigen, und auf die sehr stark besuchte Straße sich öffnenden Gewölbe des Vorhauses, ganze Wolken von aschfärbigen Dünsten heraussteigen, und die ganze Gasse, je nach den Richtungen des Windes, links oder rechts ordentlich durchziehen, und alle da befindlichen Gegenstände umhüllen; oder an der Fensternfront der Häuser sich empor heben, sich durch die offenen Fenster und Thüren soviel als möglich hineindrängen; oder als Spiele der unstäten Luft, von Haus zu Haus, von Mund zu Mund getrieben werden.

e. Kloakensäuberung. Es muß mit der größten Strenge darüber gewacht werden, daß diese Arbeit, nicht nur etwa auf öffentlichen Gassen, die Nothfälle ausgenommen, sondern auch vorzüglich in den Höfen der Häuser niemals beym Tage verrichtet werde. [...]

f. Knochensammler. Jene Leute, welche in den Senkgruben oder auf den Misthaufen, in den Höfen der Häuser Knochen, Glas, und Papier hervorsuchen, verursachen durch das Zertheilen des Mistes eine Vermehrung der schädlichen Ausdünstungen; [...]

g. Kramerhüttchen. Die überall an- und eingeflickten Kramer- und Arbeits-Hüttchen in der Stadt, tragen auch einen guten Theil zur üblen Beschaffenheit der Luft bey; [...] In sehr vielen derselben werden Dinge bereitet oder verkauft, welche unangenehme Ausdünstungen verbreiten. Sie verhindern dann vorzüglich den so nothwendigen freyen Durchzug der Luft, und geben häufig Anlaß zu verschiedenen Verunreinigungen. [...]

h. Leichen. [...] Es ist das Herumparadiren mit den Leichen vor der Beerdigung derselben, vorzüglich bey wärmerer Witterung, gegen die Erhaltungs-Vorsichtsmaßregeln [...]. Auch das Hintragen eines faulenden todten Körpers in das Haus der Gottesverehrung [...] ist dem Gesundheitswohle des Volkes eben so wenig zuträglich, wie die Beerdigung der Verstorbenen in der Kirche selbst. [...] Ohne besonderen Rücksichten muß es nicht erlaubt seyn, die Leichen zu einer andern Zeit als bey einbrechender Nacht, aus der Stadt zur Beerdigung zu bringen.

i. Leichenwägen. [...] Die durch das Fahren unvermeidlich hervorgebrachte Erschütterung der schon in der Fäulung begriffenen Körper, muß nothwendig zur Entwickelung schädlicher, in die umgebende Luft übergehender Stoffe das Ihrige beytragen [...]. Man darf nur etwa durch Zufall, hinter einen solchen Leichenwagen gerathen, und man wird sich, oft noch in großen Entfernungen davon, von der angeführten Wahrheit überzeugen. [...]

l. Marktplätze von Geflügel, Vögel und Wildpret. Drey an sich nicht unbedeutende Plätze der Stadt werden durch diesen dreyfachen Markt ganz entstellt, und die Luft den Anwohnern derselben, so wie den Vorübergehenden verpestet. Der Wildpretmarkt kann mit vollem Rechte mit den Fleischbänken wetteifern, wer unangenehmer auf den Geschmackssinn und verderblicher auf die Luft wirke. [...]

m. Markthütten. [...] Schon während ihres Daseyns künden sie dem Geruchssinne an, was nach ihrer Wegräumung zum Vorscheine kommen werde. Der ganze sonst reinliche und schöne Platz, worauf sie standen, stellet nun nach ihrer Entfernung, das häßlichste Bild des aller unreinsten Schweinestalles dar. [...]

n. Mistwägen. Sie sollten in den Frühe-Stunden schon aus der Stadt seyn; doch man kann sie zu allen Zeiten des Tages noch darinn sehen,

> wie sie mit den übrigen so zahlreichen Ursachen zur Vergiftung der Luft so viel beytragen, als es ihnen möglich ist. [...]
>
> o. Schmalzhändler. Den Käsestechern, Schmalzhändlern, und andern mit Lebensmitteln handelnden Gewerbsleuten, soll es [...] nicht erlaubt sein, die die Luft verpestenden und unangenehm riechenden, öhlichten, ranzichten, faulenden u.s.w. Waaren, in ihren oder vielmehr vor ihren Gewölbern, den Vorübergehenden vor die Nase zu legen. [...] Es ist wahrhaft unbegreiflich, wie Damen von reizbaren Nerven da vorbeygehen können, ohne auf der Stelle in Ohnmacht zu verfallen.«[92]

Berücksichtigt man weiters das nicht unbeträchtliche Ausmaß an tierischen Ausdünstungen – allein rund 10.000 Pferde und 30.000 Hunde halten sich auf den Straßen und in den Höfen auf[93] – so scheint die Luft im biedermeierlichen Wien alles andere als angenehm gewesen zu sein. Beinahe überall ist man mit Gestank konfrontiert. Er wird von den Bewohnern mit fast jedem Atemzug eingesogen, entziehen kann man sich ihm nur schwer. Zudem nebeln Straßenstaub und Herdfeuer täglich die Stadt neu ein, sodaß sie jenen Besuchern, die sich von den umliegenden Bergen nähern, oft wie in eine graue Dunstglocke gehüllt erscheint. Auch Adalbert Stifter besteigt bei seinem Wienaufenthalt im Jahre 1826 schon vor Sonnenaufgang den Stephansturm, um wenigstens für kurze Zeit eine klare Aussicht auf die Stadt zu haben:

> »[...] unsere Väter bauten hie und da so enge Gassen, daß es in manchen geschieht, daß, wenn ich morgens mein Fenster öffne, um frische Luft hereinzulassen, ich mir die Nachtluft aus der Schlafkammer meines Nachbarn gegenüber hereinfange, der ebenfalls geöffnet hat und mir guten Morgen wünscht. Ich rede gar nicht von dem öden Morgenhauche der Gast- und Kaffeehäuser, dem Dampf der Stallgruben, der Gassen und finstern Winkel – diese Gemengsel sind der rötlich trübe, schöne Duft, den man über unserer Stadt stehen sieht, wenn man von ferne und von einer heitern Höhe auf sie schaut.
> Warum doch die Menschen ihr einziges Nahrungsmittel, was sie ganz umsonst, ganz echt und in ungeheurer Menge haben können, selbst so geflissentlich verderben, indem sie solche Städte- und Häusermassen bauen.«[94]

Eine Gefahr für »Damen von reizbaren Nerven«: Käsestecher, 1812.

Die hier beschriebenen Verhältnisse bilden den Ausgangspunkt für die in den folgenden Jahrzehnten einsetzende umfassende Neugestaltung der Stadt unter hygienischen Gesichtspunkten. Um die Luft von den schädlichen Miasmen dauerhaft zu reinigen, werden die Strategien zur Desodorisierung des Stadtraumes vorangetrieben: Kanalisation und Entwässerung, Ventilation und Desinfektion der öffentlichen Plätze, Pflasterung und Reinigung der Straßen, regelmäßige Müllabfuhr, Bekämpfung der Abgase aus Gewerbe und Industrie.

Kanalisation und Entwässerung

Die Verbannung des bedrohlichen Geruchs in den Untergrund

Der Errichtung eines modernen Kanalsystems beginnt in Wien in der Zeit nach der Zweiten Türkenbelagerung. Die gesamte innere Stadt wird kanalisiert, neuerrichtete Gebäude werden mit Abzügen in die Straßenkanäle versehen. So ist gegen Ende des 18. Jahrhunderts bereits ein Großteil der Innenstadt von Kanälen untergraben.[95]

Sämtliche Kanäle münden jedoch in die offenen Wasserläufe der Stadt, die – bedingt durch die rasch zunehmende Bevölkerung – bald zu »offenen Cloaken« degenerieren. Ihr faulender Gestank gehört in manchen Gegenden, insbesondere entlang des Wienflusses, schon zum gewohnten Geruchs-Bild.

Dies sollte sich erst ändern, als im Jahre 1830 die Donau aus ihren Ufern tritt, große Teile des Gemeindegebietes überschwemmt, – und als Folge davon die Cholera ausbricht. Der Schrecken der Bevölkerung ist gewaltig. Ein Zeitgenosse bemerkt fassungslos: »Verheerend, und mit unaufhaltsamen Schritten rückt die schreckliche Seuche, die Cholera Morbus, in das Herz der österreichischen Monarchie.«[96] Die durch die große Anzahl der offenen verseuchten Wasserläufe (mit)verursachte Epidemie fordert rund 2000 Tote.

Angesichts dieser Opferbilanz wird noch 1831 mit dem Bau eines Sammelkanals am rechten Ufer des Wienflusses begonnen (»Cholerakanal«), dem 1836 jener am linken Ufer folgt. So sind bereits drei Jahre später innerhalb des Linienwalls alle Einmündungen von Haus- und Straßenkanälen in den Wienfluß beseitigt. Es folgt die Einwölbung der übrigen offenen Wasserläufe im Stadtgebiet, die zu Hauptadern des neuen Kanalnetzes umfunktioniert werden: Ottakringerbach (1837–1840), Alserbach (1840–1843), Währingerbach (1848).[97] Damit hofft man, in einer ersten Etappe einen wesentlichen Schritt für die Gesundung der Stadt gesetzt zu haben. Viele Vorstädte erhalten eine schon seit Jahrzehnten nicht mehr vorhandene Lebensqualität zurück. Der Wienkenner Adolf Schmidl schildert 1847 euphorisch den Erfolg dieser Maßnahmen am Beispiel des Alserbaches:

>»Der ziemlich tiefe Graben, in welchem der Alserbach fließt, und seine Zuflüsse aus den Häusern in pestartigen Ausdünstungen wieder gab, ist jetzt so vollkommen überbaut, daß eine Fahrstraße auf dem Gewölbe führt, und die Vorstädter an seinen Ufern, jetzt ›eine Zukunft‹ gewonnen haben, um einen Mode-Ausdruck zu gebrauchen.«[98]

Doch so erfolgreich die Kanalisierung der kleineren Ortsbäche auch gewesen ist, der Wienfluß kann trotz der beiden Sammelkanäle nur bedingt vom Gestank befreit werden. Dies liegt zum einen daran, daß viele Betriebe in den Vororten auch weiterhin ihre Abfälle und Abwässer in den Fluß entsorgen, zum anderen können die Kanäle bei starkem Regen nicht alle in ihnen gesammelten Niederschläge aufnehmen, was nicht selten ein Überfließen des Kanalinhaltes in den Wienfluß zur Folge hat.[99]

Besonders störend ist die anhaltende Geruchsbelästigung im zu beiden Seiten des Flusses errichteten Stadtpark. Anfang der sechziger Jahre nach den Regeln der neuen bürgerlichen Geruchsästhetik gestaltet, ist die repräsentative Kulisse der Rosenbeete und Ziersträucher dem Bürgertum zur bevorzugten Erholungsstätte geworden. Gerade hier kommt es jedoch mitunter zu äußerst unliebsamen »Geruchskollisionen«. Elim Henri d'Avigdor – ein Ingenieur, der sich Anfang der siebziger Jahre in mehreren Schriften intensiv mit der Abwasserfrage beschäftigt – weist nicht ohne Empörung auf diesen unzumutbaren Übelstand hin:

>»[...] todte Thiere, Schlamm und Kehricht aller Art erscheinen am Ufer und mengen ihre Dünste mit den Wohlgerüchen der Rosen vor dem Cursalon. Der von der Hitze ermattete Wiener, welcher dort etwas Erholung und frische Luft zu finden hofft, athmet mit jedem Zuge giftige Miasmen ein.«[100]

Erst mit dem Ausbau der beiden Sammelkanäle, der Regulierung des Wienflusses und vor allem mit der Eingemeindung der Vororte, die ehestmöglich an das bestehende Kanalnetz angeschlossen werden,

Kaiser Franz inspiziert den Bau des Cholerakanals, 1831.

Auch in den ehemaligen Vororten werden die noch freiliegenden Flußabschnitte sukzessive kanalisiert: der Elterleinplatz in Hernals vor der Einwölbung des Alserbaches, 1876.

Der Fäkaliengestank aus den Senkgruben gehört bald der Vergangenheit an: Senkgrubenräumung, um 1920.

können die vom Wienfluß ausgehenden Geruchsbelästigungen endgültig gebannt werden.

Übrig bleibt die Desodorisierung des Donaukanales, in den nach wie vor sämtliche Abwässer der Stadt fließen, was vor allem im Sommer häufig zu Klagen über Geruchsbelästigungen führt. D'Avigdor gibt zu bedenken, daß gerade der Donaukanal

> »knapp vor den schönsten Häusern, bei den am dichtesten bevölkerten Strassen vorbeifliesst, und vollständig Zeit hat, seine flüchtigen, giftigen Ausdünstungen zu verbreiten, ja es ist sogar bei warmem Wetter und niederem Wasserstand der Geruch am Donaucanal keineswegs unmerklich.«[101]

1893 bis 1902 werden daher beiderseits des Donaukanals riesige Sammelkanäle errichtet, die erst weit außerhalb des Stadtgebietes in die Donau münden. Innerhalb von sieben Jahrzehnten hat Wien damit ein leistungsfähiges Grundnetz an Kanälen aufgebaut, das auch die folgenden Jahrzehnte über den gesundheitlichen und geruchlichen Ansprüchen der Bevölkerung genügen wird.[102] Die Anzahl der Senkgruben im Stadtgebiet, deren Räumung nach wie vor mit intensiver Gestanksausbreitung verbunden ist, nimmt sukzessive ab: Waren es 1873 noch über tausend, so sind es um 1900 nur mehr einige hundert.[103]

Gegen Ende des 19. Jahrhunderts sind sich die Hygieniker längst darüber einig, daß eine geregelte Kanalisation und Entwässerung des Bodens zu den wichtigsten Assanierungsmaßnahmen der Städte gehört. Der Wiener Arzt und Stadtphysikus Emil Kammerer betont unermüdlich, daß es »erstes hygienisches Fundamentalgesetz [...] ist, dass die Excremente und sonstigen Abfälle flüssiger und fester Natur möglichst rasch und unzersetzt aus dem Bereiche der menschlichen Wohnstätten geschafft werden.« Dies sei nur mit einem exakten Schwemmsystem in Kanälen möglich, wodurch gleichzeitig auch die so dringend notwendige Entwässerung des Bodens und damit die Beseitigung der schädlichen Bodenluft bewerkstelligt werde.[104]

Kammerer spielt hier auf das auch in Wien heftig diskutierte Tonnen- und Kübelsystem an, das bereits in anderen Städten wie

Zürich oder München erprobt wurde und immer wieder als Alternative zur Schwemmkanalisation genannt wird. Daß sich das Schwemmsystem letztlich in Wien relativ rasch durchsetzt, liegt nicht zuletzt auch daran, daß die dafür benötigten Mengen an Wasser mit der Errichtung der Ersten und später der Zweiten Hochquellenwasserleitung in ausreichendem Maße zur Verfügung stehen.

Neben der Versorgung mit reinem Trinkwasser sollte sich die Kanalisierung als eine der wirksamsten stadthygienischen Maßnahmen erweisen. Die Verbannung der Abwässer in den Untergrund bedeutet nicht nur eine äußerst erfolgreiche Seuchenbekämpfung, sondern eine für alle wahrnehmbare Verbesserung der Stadtluft.

International betrachtet stellt die planmäßige Kanalisierung von Wien eine städtebauliche Pionierleistung dar. In Paris wird mit dem Bau von großen Sammelkanälen erst 1850 begonnen, in London 1867 und in Berlin erst 1873.[105] Wien ist also, was die Abwasserfrage betrifft, bereits sehr früh eine verhältnismäßig reine, gesunde und gestanksentlastete Stadt. Wie sieht es jedoch im Untergrund aus, in den der üble Geruch verbannt wird?

Wohnen und Arbeiten im Schutze der Dunkelheit und des Gestanks

Das riesige, weitverzweigte Wiener Kanalnetz übt um die Jahrhundertwende eine geradezu magische Anziehungskraft auf jene Menschen aus, die das Tageslicht scheuen oder durch die Not dazu gezwungen werden, in den Untergrund zu gehen. Die unzähligen Stollen, Gänge und Kammern stellen einen idealen Unterschlupf für organisierte Einbrecherbanden dar, die durch die Kanalstollen in Wohnhäuser eindringen, dort Diebstähle und Raubüberfälle begehen und beinahe unsichtbar wieder im Labyrinth der Gänge verschwinden. Und manchmal werden zum Entsetzen der Bevölkerung auch Leichen in den Kanälen gefunden, oft grausam zerstückelt und unkenntlich gemacht.

Neben den Verbrechern sind aber auch noch andere Menschen in den Untergrund der Stadt abgesunken. Für viele Obdachlose,

Nachtlager im Sammelkanal unter der Franzensbrücke, 1904.

Die in den stinkenden Untergrund Verdammten: Wächter im Wienkanal, 1904.

durch wirtschaftliche oder soziale Umstände aus der Bahn geworfene Menschen, werden die Kanäle oft zum einzig möglichen Aufenthaltsort. Diese ärmsten Bevölkerungsschichten finden hier einen Schlafplatz, eine letzte Überlebensmöglichkeit und oft auch die einzige Verdienstquelle. Sie richten sich behelfsmäßig einfache Wohnstätten ein, suchen im trüben Abwasser nach Münzen, Knochen und anderen verwertbaren Materialien oder fischen das Fett von der Oberfläche des Wassers, um es für etwas Geld an die Seifensieder zu verkaufen.

Das armselige Leben dieser »Kanalstrotter« genannten Leute, denen der Gestank, die Feuchtigkeit und Düsternis der Kanäle nichts mehr anhaben können, wird den Wienern erstmals durch die aufrüttelnde Sozialreportage des Journalisten Max Winter bekannt, der 1904 das Buch *Im dunkelsten Wien* veröffentlicht. Der für die damals noch junge *Arbeiter-Zeitung* tätige Winter beschreibt darin unter anderem einen vierstündigen »Spaziergang« mit dem »Specklmoritz«, der bereits zwölf Jahre als Kanalstrotter lebt. In quälender gebückter Haltung kriechen sie durch die niederen Gänge, als Winter plötzlich unter der Westbahnstraße von einer Wolke beißenden Gestanks überwältigt wird:

> »Es gibt mir einen Rückschlag. Auf dieses Attentat [...] waren meine Geruchsnerven nicht gefaßt. Einen Moment lang glaube ich, daß mich Schwindel erfaßt – schon klammere ich mich an das nächste Steigeisen des Luftkanals –, dann aber kommt die Revolution von innen, ich glaube, den Magen reißt es mir heraus, Wasser tritt mir in die Augen, meine Beine zittern [...].«[106]

Der »Specklmoritz« ist da schon abgehärteter. Ihm kann der Gestank nichts mehr anhaben, er hat bereits ein probates Gegenmittel gefunden. Mit dem Rauch einer Zigarette versucht er den Gestank halbwegs erträglich zu machen: »Es ist nur, daß m'r an andern G'ruch in d'Nasen kriagt.«[107]

Vier Jahre später unternimmt der Journalist und Schriftsteller Emil Kläger ebenfalls einen Gang durch die von ihm als *Quartiere des Elends und Verbrechens* bezeichneten Kanäle. Und auch er wird sogleich mit dem alles beherrschenden Kanalgeruch konfrontiert:

»Überall quillt und sickert Feuchtigkeit, die Luft ist erfüllt von einem unleidlichen, süßen Düngergeruch.«[108] Auf der Suche nach den »Verstoßenen der Großstadt«[109] begegnet Kläger ebenfalls einem erfahrenen Kanalstrotter: Josef Weber verbringt schon einige Jahre im Untergrund. Er hat seinem unwirtlichen Lebensraum in einem Gedicht ein zynisches Denkmal gesetzt:

»Steine sind das Polster mein,
das dem Körper Ruhe spendet,
und der Gifthauch des Kanals
ist es, der uns Wärme sendet.«[110]

In der Öffentlichkeit existiert das Bild eines unendlichen Labyrinths von Kanälen unter der Stadt, die zwielichtigen Gestalten als Aufenthaltsort dienen und deren Gänge von Krankheit und todbringenden Gerüchen erfüllt sind. Und es ist gerade dieser Umstand, der den darin Lebenden doch einige Sicherheit vor Verfolgung bietet. Nicht einmal die Polizei will mit den übelriechenden Personen zu tun haben. Der bereits erwähnte »Specklmoritz« berichtet Max Winter, daß, wenn einige von ihnen gefaßt werden und vor den Kommissar treten müssen, dieser höchstens raunzt: »Fahrts o' mit die Stinkerten.«[111]

Zu den zahlreichen Obdachlosen, die gezwungen sind, im Kanal zu übernachten, gehört für kurze Zeit auch Alfons Petzold. Der Dichter verbringt – arbeitslos und ohne Geld – einmal eine Nacht in einer kleinen Nebenkammer des Wienflußsammelkanals. Der von seinen Bewohnern zynisch Hotel »Zum goldenen Ratzen« genannte Raum sollte ihm noch lange in Erinnerung bleiben:

»Überall roch es nach feucht-warmem Moder; [...] Das niedere Gewölbe aus Ziegelsteinen maß vielleicht zwei Meter im Quadrat; auf dem Boden lagen alle möglichen Fetzen, Strohsacküberreste, Fragmente von Frauen- und Männerkleidern, auch dicke Lagen von Zeitungspapier, darauf rekelten sich sitzend oder liegend ein halbes Dutzend Gestalten. Es waren lauter Männer, von denen der jüngste etwa sechzehn, der älteste siebzig Jahre alt sein mochte. Ihre zerrissenen Kleider, die vielfach in Fetzen herunterhingen, die unrasierten, hohlwangigen Gesichter, die Entbehrungen, die aus ihrem ganzen Aussehen sprachen, kennzeichneten sie als die bejammernswürdigsten Bankrotteure der Gesellschaft.«[112]

Neben Obdachlosen und Strottern[113] gibt es allerdings noch andere Menschen, die – in diesem Fall von Berufs wegen – unempfindlich gegen den Gestank zu sein haben: die Kanalräumer. Ihnen kommt die Aufgabe zu, den freien Fluß der Abwässer zu überprüfen und allfälligen Dreck aus den Kanälen zu entfernen, was umso wichtiger ist, als in einigen Stadtteilen das Gefälle des Kanalnetzes so gering ist, daß nur durch sorgfältige und regelmäßige Säuberung ein Stau der Fäkalmassen verhindert werden kann.

Die Stadt erläßt ab den siebziger Jahren des vorigen Jahrhunderts genaue Vorschriften für jene Unternehmer, die die »Räumung sämmtlicher städtischen Unrathskanäle, sowie sämmtlicher Hauscanäle, Ausgüsse, Wasserläufe und Senkgruben im Gemeindegebiet Wien« zu bewerkstelligen haben. Der gesammelte Kot muß in luftdicht verschließbare Holzkübel gefüllt und anschließend auf einem Wagen zum am Rande der Stadt gelegenen Erdberger Mais transportiert werden. Als der dortige »Unrathsableerungsplatz«, der mit seinem Gestank natürlich auch immer wieder Anlaß zu Beschwerden gibt, aufgrund des zunehmenden Platzmangels 1878 aufgelassen wird, werden die Kotkübel auf Schiffe verladen, stromabwärts verfrachtet und an geeigneter Stelle in die Donau entleert. Um die Geruchs- und Lärmbelästigung möglichst gering zu halten, ist die Kanal- und Senkgrubenreinigung nur in der Nacht gestattet, und zwar in den Monaten November bis Februar von 22 bis 6 Uhr und in den übrigen Monaten von 22 bis 5 Uhr.[114]

Die Kanalräumung ist nicht gerade ungefährlich. 1876 sind gleich mehrere Menschenleben zu beklagen. Einige Arbeiter, die in der Rotensterngasse im 2. Bezirk die Räumung eines Hauskanals und des anliegenden Straßenkanals vorzunehmen haben, verabsäumen es, eine ausreichende Ventilation durch Öffnen der Kanaleinstiegschächte herzustellen. Sie werden durch das Einatmen von giftigen Dämpfen getötet, die infolge eines Wasserstaus im Kanal entstanden sind. Ein Lithograph hatte illegalerweise eine große Menge von Schleifstaub in den Kanal »entsorgt«, der den kontinuierlichen Abfluß des Wassers verhindert und letztlich die Bildung der giftigen Gase verursacht hatte.[115]

Unter den Kanalräumern gibt es eine strenge Arbeitsteilung. Die eigentliche Drecksarbeit in den Gängen verrichten die »Schliefer«. Sie sind es, die dem Gestank am intensivsten ausgesetzt sind. Der »Specklmoritz« schildert Max Winter die Kanalräumerarbeit, wie sie zur Jahrhundertwende in Wien ausgeübt wird:

>»›Dös is a Freig'schäft wia unsers‹, erklärt der Specklmoritz. ›A Lehrzeit gibt's da nöt. Z'erst werd'n S' Tagwerker, da kriag'n S' an Guld'n, dann werd'n S' Schliaf'r und mit der Zeit Nachschliaf'r, wann der Herr siecht, daß S' guat tan und brav san [...]. Danach halt aner is.‹

›Was hat der Schliefer zu tun?‹

›Der hat die eigentliche Plag. Der muaß in die Gassenkanal eini und mit der Kruck'n den Dreck z'sammschiab'n. Sö kennen S' ja, die Kruckna?! [...] Lange Stang'n und vurn a rund's Brett, was grad in 'n Kanal paßt. Die Stang'n hat 'r am Bauch aufflieg'n und so schlieft 'r füri. Von jeder Seit'n kummt aner. In der Mitt' bei an Gadern kummen s' z'samm. Durt steht auf der Höh' der Tagwerker und füllt die Kästen.‹

›Was bekommt der Schliefer?‹

›An' Guld'n zwanz'g, dreiß'g Kreuzer, je nachdem. Der Nachschliaf'r hat an' Guld'n fufz'g Kreuzer und der hat eigentlich nix z'tuan. Der geht nur nach und hat gar ka Plag. So ist 's in der Welt, wer si wirkli plagt und d' ganze Arbeit macht, kriagt nix un der andere, was zuschaut, all's. Die stärkste Arbeit da herunt' im Kanal is am schlechtesten zahlt und wann m'r 's geg'n draußt nimmt, so ist die Kanalarbeit wieder viel schlechter zahlt als die draußige.‹

›Wie lang ist denn die Arbeitszeit?‹

›Von zehne auf d' Nacht bis fünfe in der Fruah.‹

›Wia viel Herren gibt's denn?‹

›Das waß i nöt genau. Das meiste is eh scho kommunisch. D' Brigittenau, d' Josefstadt [...] all's scho kommunisch [...] 's Leichteste hat natürli der Schaffer. Jeder Herr muaß an Schaffer hab'n. Der muaß nachschliaf'n und schaun, ob all's in Ordnung is, denn zwa, drei Täg nach'n Ramen kummt der Aufseher von Stadtbauamt und schaut nach. Nöt amal an der Wand därf dann was pick'n – sunst gibt's glei an' Anstand.‹«[116]

Kanalräumer, 1857.

Die Stadtverwaltung hat die Wichtigkeit von problemlos funktionierenden Kanälen erkannt. Die Räumung wird auf das genaueste überprüft (dreimalige Kontrolle!) und schließlich sukzessive von der Gemeinde selbst übernommen. 1923 wird das gesamte städtische Kanalwesen kommunalisiert und eine eigens dafür zuständige Magistratsabteilung geschaffen.

Die oben beschriebenen Gestankseindrücke mögen jedoch nicht überbewertet werden. Sie sind weit mehr Resultat der Angst vor dem unsichtbaren Gebräu im Untergrund als reale Empfindungen einer breiten Bevölkerungsschicht. Der Stadtarzt Emil Kammerer betont, daß Kanäle in der Regel keineswegs so stinken wie gemeinhin angenommen:

> »Uebrigens macht man sich von der Luft in – aber wohlgemerkt gut angelegten und ausgeführten – Schwemmkanälen gewöhnlich eine zu schlechte Vorstellung. Man darf sich diese Schwemmkanäle eben nicht als Abtrittgruben oder langgestreckte Cloaken vorstellen. [...] Wer in gut angelegten und ausgeführten Schwemmkanälen schon stundenlang herumgegangen ist, der findet, dass die Luft in denselben nicht viel schlechter, als durchschnittlich auf der Strasse ist.«[117]

Trotz dieser, wenn auch etwas untertriebenen, so doch im Kern zutreffenden Feststellung, bleiben die Kanäle im Bewußtsein der Bevölkerung als Inbegriff des Gestanks lebendig.

Ventilation

Die Gefährlichkeit der »Kanalgase«

Mit dem Bau der Kanäle ist die Angst vor der »Luftnoth« in der Stadt allerdings noch nicht überwunden – im Gegenteil. Sogleich taucht die Befürchtung auf, daß die in den Kanälen eingeschlossene, mit schädlichen Gasen angereicherte Luft durch die Kanalgitter erneut an die Oberfläche gelange. Und man vermutet, daß die Miasmen im Kanal gegen den Strom des Wassers aufwärtsziehen und dadurch die Verbreitung von Epidemien aus tiefer gelegenen Stadtteilen in höher gelegene verursacht werde. Elim Henri d'Avigdor warnt die Bevölkerung von Wien:

> »Die Luft in den Canälen muss reingehalten werden; man darf nicht glauben, dass man dadurch, dass man sie einsperrt, dieselbe unschädlich macht.
> [...] die schädlichen Dünste steigen direct von den Canälen durch dieselben Gitter hinauf, welche das Tagwasser hinunter lassen. Meine Leser werden ersucht, die Wahrheit dieser Behauptung durch einen praktischen Versuch zu erproben, jedoch werden sie im eigenen Interesse gebeten, nicht zu lang über dem Gitter stehen zu bleiben.«[118]

Die Vorstellung von weiterhin ausströmenden giftigen Kanalmiasmen gehört für Jahrzehnte zu den bedrohlichsten Gestanksbildern der bürgerlichen Gesellschaft. Noch 1917 gebraucht der Schriftsteller Anton Wildgans in seinem Gedicht *Unter der Stadt* das Bild von den todbringenden Miasmen im Kanal, die an die Oberfläche dringen und das glanzvoll-mondäne Leben in der Großstadt gefährden:

> *»Knapp unter der Stadt, in der die Paläste stehn,*
> *Die Türme der Dome in Wolken greifen,*
> *Wo blühende Zweige in Gärten wehn*
> *Und alle die müßigen Schritte schweifen,*
> *Knapp unter der Stadt, in der die Motoren jagen,*
> *Die Frauen Seide und Glitzern tragen,*
> *Wo in den Nächten durch goldene Säle*

Auf Wogen von gepudertem Fleisch
Das Sinne aufpeitschende Gekreisch
Von heiseren Rhythmen niederprasselt -
Knapp unter der Stadt, da sind die Kanäle!

Da sickern die Abwässer zusammen.
Was lüsterne Gaumen geletzt
Und mit prickelnden Flammen
Die Pulse gehetzt:
Lust, Reiz – geronnen zu Kot!
Was den großen Hunger gestillt
Von Millionen Magen,
Gekaute, verdaute Not: Brot -
Brei und Jauche jetzt,
Dampfender Gischt, Gestank!

Dort in ewiger Nacht,
Schacht an Schacht,
Bei eklem Fraß und Begatten
Hausen die Ratten.

Dort im Sickern und Stauen
Schleimiger Gemenge
Brüten und Brauen
Die Miasmen,
Steigen und Drängen
Die bösen, typhösen
Dünste durch Rohre und Schläuche,
Nisten sich in Lungen und Bäuche
Werden Fieber und werfen nieder
Wehrlose Glieder,
Und aus den Gittern der Kanäle,
Aus Grundwässern und Brunnen,
In die der Abhub gedrungen,
Reckt sich die Seuche!«[119]

Die Lösung des Problems heißt Ventilation, Bewegung der Luft. Nach Meinung der Hygieniker sind es vor allem Stagnation und Erstarrung, die zum Verderbnis der Luft beitragen, denn »im Allgemeinen kommt es nur bei stagnirender Luft zu gesundheitsschädlichen Anhäufungen.«[120] Sie erklären, daß, genauso wie stehendes Wasser bald brackig und faulig werde, auch die Luft bei mangelnder Zirkulation allmählich verderbe.[121] Allein eine ausreichende Ventilation sei in der Lage, die Elastizität und fäulnishemmende Kraft der Luft wiederherzustellen. Durch die ständig in Bewegung gehaltenen Luft könnten die schädlichen Miasmen verdünnt und beinahe unauffällig aus der Stadt entfernt werden.

Zahlreiche Vorschläge zur Beseitigung der Kanalgase tauchen auf. D'Avigdor empfiehlt die Anbringung von Holzkohlefiltern, mit denen die Ausdünstungen der Schächte desinfiziert werden sollen.[122] Alexander Friedmann, ein anderer Ingenieur, der sich bereits seit Jahren mit der Luftreinigung großer Städte befaßt, schlägt 1866 einen von ihm konstruierten Apparat vor, mit dessen Hilfe die Gase abgeleitet und anschließend verbrannt werden können. Dies soll dadurch geschehen, daß man der

> »frischen Luft die Tendenz gibt, durch die Kanalöffnungen in die Kanäle einzutreten und hierzu die ganze die Kanäle erfüllende Luft in eine Bewegung gegen bestimmte Punkte bringt, an welchen geeignete Apparate die anlangende mit Kanaldünsten gemengte Luft ansaugen, deren brennbare Theile verbrennen, das ganze Gemenge erwärmen, somit leichter machen, und durch hohe Kamine beschleunigend über die Atmosphäre hinauftreiben, unterhalb welcher wir athmen, so daß sie hoch über uns und von den Luftströmungen über die Stadt hinweggeführt werden.«[123]

All diese Apparate und technischen Vorrichtungen bleiben jedoch unausgeführt. Die Befürchtungen hinsichtlich des massenhaften Austritts von Kanalgasen erweisen sich bald als unbegründet. Es stellt sich heraus, daß gerade die zahlreichen, in einem Abstand von etwa hundert Meter errichteten Ventilationsschächte wesentlich zur Verhinderung der Miasmenbildung beitragen, denn durch sie kann die Kanalluft in ständiger Bewegung gehalten und mit frischem Sauerstoff versorgt werden. Und auch die einst unbestrittene Gesundheitsgefahr der Kanalgase muß letztlich unter dem Eindruck neuer wissenschaftlicher Erkenntnisse relativiert werden. Max Gruber, Professor für Hygiene an der Universität Wien, weist 1884 die Öffentlichkeit darauf hin, daß alle sogenannten »Kanalgasinfektionen« der Kritik nicht standhalten, da etwa Kanalarbeiter durchaus nicht häufiger an Infektionen erkranken als andere Menschen.[124]

Die Belüftung der Stadt

Die Frage der Kanalgase macht deutlich, daß die ausreichende Belüftung der Straßen, Plätze und Höfe längst als weiterer wichtiger Schwerpunkt der Stadthygiene erkannt worden ist. Schon in der städtebaulichen Praxis des Absolutismus[125] hat das Bürgertum die gesundheitlichen Vorteile von geraden, breiten und mit Bäumen bepflanzten Straßen – wie etwa der Jägerzeile (heute Praterstraße) – vorgeführt bekommen und damit die Nachteile enger Straßen mit ihrer geringen Durchlüftung umso deutlicher verspürt. Johann Peter Frank weist bereits 1783 auf die Folgen mangelnder Ventilation in der Stadt hin: Die Ausdünstungen sammeln sich und »erzeugen ein stinkendes Luftbad, das von keinem Winde in Bewegung gesetzt wird, und gleich dem unreinsten Teiche seinen Schlamm in dem untersten Becken ansetzet.«[126] Er fordert die Schaffung von in der Hauptwindrichtung angelegten, geradlinig verlaufenden Straßen, die als »Luftkanäle« die Stadt mit Frischluft versorgen sollen. Größere Plätze können sodann als »Luftmagazine« dienen, von denen aus die übrigen Gassen gespeist werden.[127]

Dort, wo zu viele enge Gassen bestehen, sei es unbedingt notwendig, so ein Zeitgenosse Franks,

> »jene engen Pässe und Gassen, welche den Zug der durch die Menge der Einwohner verunreinigten Luft verhindern, [...] durchzubrechen und zu erweitern, damit auch darzwischen eingetheilte grünende Gärten die von thierischen Ausdünstungen geschwängerte Luft mit einer reschen, reinen und erquickenden, der Gesundheit zuträglichen abgewechselt werde.«[128]

Wien hat relativ gute klimatische Ausgangsbedingungen, wird die Stadt doch, wie Durchreisende oft mit Bedauern feststellen müssen, sehr häufig von kräftigen Winden heimgesucht. Dennoch gibt es in dem immer weiter sich ausbreitenden Häusermeer durchaus unterschiedliche Luftverhältnisse, wie der Arzt Peter Lichtenthal 1810 anmerkt:

> »Man haltet die Freyung, den Hof, den Michäler- und Dominikanerplatz; sodann in den Vorstädten: die Landstrasse, den Rennweg, Mariahülf, die Alser- und Währingergasse für die gesündesten Plätze in Wien, weil sie höher liegen, und einer reineren Luft geniessen, als zum Beispiel die Rossau, Wiesen, Weissgärber u.a.m.«[129]

Besonders die Innenstadt mit ihrem Häusermeer, ihren vielen schmalen Straßen, gar manchen Sackgassen und nur wenigen freien Plätzen ruft bei immer mehr Menschen ein Gefühl der Enge und Beklommenheit hervor. Will man sich davon erholen, kann man bestenfalls einen Spaziergang auf den Basteien unternehmen oder den Volksgarten aufsuchen, der 1819–23 anstelle der von den Franzosen gesprengten Burgbasteien errichtet und von Kaiser Franz I. als erste öffentliche Gartenanlage der Innenstadt für die Öffentlichkeit zugänglich gemacht wird (Der nahegelegene, schon 1818/19 angelegte Burggarten bleibt hundert Jahre lang ausschließlich den Mitgliedern des Kaiserhauses vorbehalten). Der Volksgarten als lange Zeit einziger Erholungsort für die Nase ist auch Jahrzehnte später noch vielen Bewohnern in Erinnerung:

> »Der Garten ist nicht allzu groß, aber er war doch in früherer Zeit die Oase in der heißen, staubigen Festung Wien. Wenn man erschöpft, verschmachtend in den späteren Nachmittagsstunden das Haus verließ, war es nur ein grünes Ziel, welchem man zustreben konnte: dem grünen lustigen Volksgarten. Dort konnte man sich erholen, dort erholte man sich auch und zwar Hoch und Niedrig, Jung und Alt.«[130]

Doch das ist, wie gesagt, die Ausnahme. Ein Wienbesucher konstatiert speziell »in der ganzen alten Stadt [...] ein beengtes Gefühl von Gedränge und von schlechter Luft, wie in einem Eisenbahnwaggon an einem warmen Sonntag, wenn alle Fenster zu sind und jeder raucht.«[131] So ist die Mehrzahl der Wohnungen im dichtverbauten

Stadtgebiet – trotz fortschreitender Kanalisation – besonders im Sommer weiterhin von unangenehmen Gerüchen umgeben. Vor allem die vielen kleinen Hinterhöfe können oft nur äußerst unzureichend mit Frischluft versorgt werden:

>»Was spürt da nicht Alles eine empfindliche Nase, [...]. Saure Gurken, Wäsche, Kraut, mehr oder minder frisches Fleisch, der Dunst der Menschen selbst und endlich der Ort, welcher seine Gegenwart ohne das bezeichnende Hier mit lauter Stimme bezeugt, alle begegnen den Fremden. [...] Im engen Hofe weht kein Lüftchen; kein wohlthuener Zug trägt die sauren Dünste hinaus, um sie in der freien Luft tausendfach zu verdünnen und unschädlich zu machen.«[132]

»Auseinanderrücken und damit Platz für die Erneuerung der Luft schaffen!« lautet der Imperativ der Hygieniker, die sich damit zunächst vor allem auf die massiven, die Stadt umgürtenden Basteien beziehen. Der Arzt Wilhelm Gollmann formuliert, was inzwischen viele erkannt haben: »Unsere Stadtmauern, welche bisher den Zutritt frischer Luft verhindern, tragen zur gesundheitswidrigen Ausdünstung in der innern Stadt viel bei und mit ihrem Abbruch wird ein auf die Gesundheit schädlicher Einfluss beseitigt.«[133] So werden die bislang größten Hindernisse für eine ausreichende Ventilation schließlich Mitte des 19. Jahrhunderts abgebrochen. In der Folge erweitern mehrfache Grenzverschiebungen die durch den enormen Bevölkerungszustrom zunehmend enger werdende Stadt: 1850 werden die Vorstädte, 1890 die Vororte und 1904 die Orte am nördlichen Donauufer eingemeindet.

Auch die Vertreter des Städtebaus sind aufgerufen, zur körperlichen und geistigen Leistungsfähigkeit der Bürger beizutragen und in ihren Planungen die neuen Hygiene- und Geruchsstandards zu berücksichtigen. Die oben genannte Forderung der Hygieniker, die in den städtischen Krankenhäusern, Gefängnissen und Armenanstalten bald zu den Grundprinzipien einer hygienischen Anstaltsführung gehört, sollte in einer städtebaulichen Neuordnung Wiens ihren Niederschlag finden. So werden in die Gestaltung der 1865 eröffneten Ringstraße auch neue Grünanlagen wie der Rathauspark und der Stadtpark miteingeplant, wie überhaupt die großzügig dimensionierte

Die erstarrte Innenstadt wird von den einengenden Basteien befreit: Abbruch der Rotenturmbastei, 1858.

Die Donaukanalregulierung im Bereich des Franz-Josef-Kais, 1900.

Anlage der Ringstraße, ebenso wie jene der 1898 als »Ringstraße der Vorstädte« fertiggestellten Gürtelstraße, nicht nur in ihrer repräsentativen Funktion für Hof, Adel und Großbürgertum begründet ist. Beide dienen künftig als wichtige Luftschneisen, von denen aus die einmündenden Straßen mit frischer Luft versorgt werden können. In diesem Zusammenhang ist auch die 1905 gesetzlich verankerte Schaffung des Wald- und Wiesengürtels von Bedeutung. Als Erholungs- und Luftreservoir soll er der Stadt die Zufuhr reiner Luft sichern und der Bevölkerung die Möglichkeit eines erfrischenden Aufenthaltes im Grünen bieten. Schließlich wird im 1908 verabschiedeten Bauzonenplan festgelegt, daß die ins Stadtgebiet reichenden Teile des Wienerwaldes, der Prater, Schönbrunn und die Schmelz, sowie sämtliche Friedhöfe von jeglicher Bebauung freizubleiben haben.

Ein weiteres Großprojekt zur Verbesserung der Luftverhältnisse ist bereits einige Jahre zuvor fertiggestellt worden: die Befestigung der Ufer des Donaukanals. Der Donaukanal, über Jahrzehnte hinweg ein Ort übelster Ausdünstungen und Miasmen, wird – ähnlich wie die Seine in Paris – auf beiden Seiten mittels solider Kaimauern befestigt. Dadurch soll nicht nur das Wasser in einer permanenten, gesundheitsförderlichen Bewegung gehalten, sondern auch eine optimale Zirkulation der Luftströme erreicht werden. Ähnlich wird auch mit dem Wienfluß verfahren, der 1894 bis 1902 eingewölbt und in seinem übrigen oberirdischen Verlauf in ein kanalartiges Betonbett gezwängt wird.[134] Beide Gerinne gehören heute zu den wichtigsten Durchlüftungsschneisen der Stadt.

Trotz dieser städtebaulichen Großprojekte hat die Mehrheit der Bevölkerung in ihrer unmittelbaren Wohnumgebung jedoch noch lange unter schlechten Luftverhältnissen zu leiden. Die um die Jahrhundertwende zur Zwei-Millionen-Metropole anwachsende Stadt erlebt in der Gründerzeit einen noch nie dagewesenen Bauboom, bei dem nach größtmöglicher Ausnutzung der Grundstücksfläche getrachtet wird. Im Wohnbau sind ökonomische Renditen dem Bürgertum letztlich oft wichtiger als Gesundheitsinteressen. Dies spiegelt sich auch in den geltenden Bauordnungen wider, die es gestatten, ganze Stadtteile nach dichten, regelmäßigen Rasterschemen zu verbauen, sodaß zur Erholung oft nur der berühmte »Beserlpark« übrigbleibt.

Es sind insbesondere die ärmeren Bevölkerungsschichten, die aufgrund der beengten Wohnverhältnisse weiterhin in einem unangenehmen Geruchsambiente leben müssen. Spaziergänger begegnen im gründerzeitlichen Wien nicht selten dem charakteristischen Geruch des Elends. Im zweiten Bezirk, wo sich seit Ausbruch des Ersten Weltkrieges viele aus Galizien geflüchtete Juden niederlassen, gibt es etwa die Kleine Schiffgasse (heute Franz-Hochedlinger-Gasse). In ihr herrscht ein derart übler Geruch, daß dieser Ort – so der Schriftsteller Joseph Roth – von der übrigen Bevölkerung wenn möglich gemieden wird:

»Wer nicht gezwungen ist hinzugehen, der geht lieber an ihr vorbei. In der Kleinen Schiffgasse riecht es nach Zwiebeln und Petroleum, nach Hering und Seife, nach Spülwasser und Hausrat, nach Benzin und Kochtöpfen, nach Schimmel und Delikatessen. Schmutzige Kinder spielen in der Kleinen Schiffgasse. Man staubt Teppiche an offenen Fenstern und lüftet Betten. Flaumfedern schwimmen in der Luft.«[135]

Obwohl der Bezirksarzt und spätere Stadtphysikus Franz Innhauser bereits 1859 die Einbeziehung von Ärzten zur Prüfung der zu genehmigenden Baupläne fordert, beginnt sich erst Anfang der neunziger Jahre hygienisches Fachwissen in der Erstellung von Bauordnungen niederzuschlagen. Bei der 1892 begonnenen Ausarbeitung eines Generalregulierungsplanes für ganz Wien verlangen die beigezogenen Ärzte die Freihaltung von mindestens 40 Prozent des Stadtgebietes für Straßen, Plätze, öffentliche Gärten oder Spielplätze. Aufgrund zahlreicher Abänderungsanträge wird dieser Entwurf jedoch erst 1906 gesetzlich verankert, mit dem Ergebnis, daß eine aufgelockertere Gestaltung des öffentlichen Raumes darin zwar grundsätzlich berücksichtigt ist, diese Vorhaben in der Praxis allerdings nicht sehr weit vorangetrieben werden.[136]

Erst die Bauordnung von 1929 mit der neuen Bestimmung, daß der Gemeinderat über die Bebauung von Grundstücken zu entscheiden hat und gegebenenfalls auch Enteignungen durchführen kann, führt in der Folge zu einer wesentlichen Auflockerung der Ver-

Der Wienfluß vor der Regulierung unterhalb der Stubentorbrücke, um 1895.

Die Einwölbung des Wienflusses im Bereich der Sezession, 1898.

bauungsdichte im innerstädtischen Wohngebiet.[137] Zusätzlich versucht die Gemeinde Wien mit einem forcierten Wohnbauprogramm auch weniger bemittelten Bevölkerungsschichten die Möglichkeit zu geben, ihre individuellen Wohnverhältnisse entscheidend zu verbessern. »Licht, Luft und Sonne« heißen die neuen, einprägsamen Schlagworte sozialistischer Wohnungspolitik. Die nun in großer Zahl errichteten kommunalen Großanlagen beinhalten weite, begrünte Innenhöfe, die eine ausreichende Versorgung der Wohnungen mit frischer Luft und Licht gewährleisten.

Desinfektion

Eine direkte Einflußnahme auf den Gestank erfolgt bis ins 18. Jahrhundert in erster Linie mit Hilfe des Feuers, dem man besonders im Kampf gegen die großen Pestepidemien, die nicht nur Wien immer wieder heimsuchen, eine nachhaltig luftreinigende Wirkung zuspricht. In den Infektionsordungen wird daher neben einer regelmäßigen Säuberung der Straßen auch die Entzündung von riesigen Scheiterhaufen angeordnet,[138] wobei meist zusätzlich Wacholderholz und Weihrauch verwendet werden. Wiens ältester Topograph Wolfgang Schmeltzl beschreibt 1548 in seinem *Lobspruch der Stadt Wien* derartige bei »Pest und großem Sterbefall« getroffene Maßnahmen:

»*Dann wirst in Gassen sehen können,*
Wohl ein'ge hundert Feuer brennen,
Wacholderholz und Weihrauchduft,
Damit gereinigt sei die Luft.«[139]

Ähnliche Maßnahmen sind auch aus Frankreich bekannt, wo in Marseille zum Kampf gegen die große Pestepidemie des Jahres 1720 die Festungswälle, Plätze und Straßen der Stadt unter Feuer gehalten werden.[140]
Der Erfolg dieser natürlichen Desinfektionsmittel ist jedoch ein bescheidener. Eine nachhaltige Luftverbesserung kann damit nicht erreicht werden. Erst mit dem Einsatz von chemischen Stoffen sollte sich dies ändern. Corbin weist darauf hin, daß seit dem Ende des 18. Jahrhunderts die Chemiker fieberhaft nach jenem »antimefitischen Stoff« suchen, der sowohl den Gestank als auch die davon ausgehenden Krankheitsgefahren beseitigen kann.[141] Ihnen geht es nun nicht mehr nur um die Verdeckung des Gestanks und seine Verdünnung in der Luft, sondern um die unwiderbringliche Zerstörung der üblen Gerüche. Im Zentrum des Interesses steht dabei die Beseitigung der bedrohlichen Ausdünstungen der Exkremente und Leichen.

Carbolsäure, Eisenvitriol, Kalk

In Wien wird ab den sechziger Jahren des 19. Jahrhunderts damit begonnen, chemische Desinfektionsmittel systematisch zur Bekämpfung der schädlichen Miasmen einzusetzen. Am häufigsten zur Anwendung gelangen dabei rohe Carbolsäure und Eisenvitriol. Die fünfzigprozentige rohe Carbolsäure wird von der Firma Mahler und Eschenbacher hergestellt und – ebenso wie das Eisenvitriol – vor ihrer Verwendung vom Stadtphysikat genauestens auf die exakte chemische Zusammensetzung hin überprüft.[142]

Häufig desinfiziert man auch einfach mit schwefelsaurem Kalk, dessen offensichtliche gestankvertreibende Wirkung manche Ärzte sogar zu der Annahme verleitet, daß der in Wien vorhandene kalkhaltige Untergrund besonders gesundheitsfördernd sei.[143]

Es sind vor allem die bei der Räumung der Senkgruben und Kanäle verwendeten Geräte und Behälter, die stets sorgfältig gereinigt und desinfiziert werden müssen. Oft erscheint es aber auch angebracht, die chemischen Substanzen direkt in das Wasser oder den Boden einzubringen. An die möglichen Folgen dieser Umweltvergiftung denkt man dabei nicht. Was zählt, ist die sofortige Wirkung und Vertreibung des Gestanks. Und man spart auch nicht bei der Menge. Als 1873, trotz des bestehenden Verbotes, der Wienfluß und der Alserbach durch Waschen von Fellen, Tierhaaren und gefärbten Stoffen sowie durch Einleitung von Unratskanälen derart verunreinigt werden, daß der entstehende Gestank die Bewohner arg belästigt, wird die Anordnung getroffen, »an der Eintrittsstelle dieser Gewässer nach Wien den Eisenvitriol zentnerweise einzugiessen, wodurch der Uebelstand selbst in den heissen Tagen des Juli und August gründlich beseitigt wurde.«[144]

Immer wieder erprobt man auch andere Desinfektionsmittel. Für findige Chemiker ist das Gebiet der Desinfektion ein überaus lohnendes Betätigungsfeld, sind die Stadtverwaltungen doch stets auf der Suche nach dem besten und kostengünstigsten Produkt. So wird beispielsweise 1876 in Wien ein von einem gewissen Dr. Petri entwickeltes pulverförmiges Desinfektionsmittel vorgestellt, das angeblich weitaus wirkungsvoller und billiger sei als Eisenvitriol oder

Carbolsäure. Die Mischung aus Torf, Steinkohlengrus, schwerem Gasteer und allerlei Abfällen sei direkt in die Aborte, Senkgruben und Kanäle zu leeren, worauf die Fäkalmassen sich augenblicklich verfestigen und geruchlos würden. Aus der so entstehenden Masse könnten sodann von einer speziellen Ziegelerzeugungsmaschine brennbare »Fäcalsteine« hergestellt werden. Aufgrund der großen benötigten Mengen bei flüssigen Fäkalien erscheint dem Stadtphysikat eine Anwendung dieses Desinfektionsmittels in großem Stil jedoch nicht ratsam.[145]

Auch Petroleum wird zur Desinfektion vorgeschlagen. In diesem Falle sind es die Feuergefährlichkeit und der penetrante Eigengeruch, die das Stadtphysikat von einer Anwendung Abstand nehmen lassen.[146]

Die wissenschaftlichen Entdeckungen Pasteurs, Kochs und anderer Bakteriologen lassen in den achtziger Jahren zunehmend Zweifel an der Wirksamkeit der bisher verwendeten Desinfektionsmittel aufkommen. Der Hygieniker Max Gruber weist in einem 1884 vor der »Österreichischen Gesellschaft für Gesundheitspflege« gehaltenen Vortrag auf die dadurch notwendig gewordene Neudefinition von Desinfektion hin:

> »Es muß mit allem Nachdrucke gesagt werden, dass es sich bei der Desinfection nicht um die Beseitigung irgend welcher chemischer Verbindungen, um die Hintanhaltung irgend welcher übelriechender Gase u. dgl., sondern um die Tödtung niederster pflanzlicher Organismen und speciell der Spaltpilze handelt.«[147]

Während man früher die Vermeidung des charakteristischen Fäulnisgeruches und anderer übelriechender Gase, zum Beispiel aus Abtrittsflüssigkeiten, für ein sicheres Kriterium der allgemeinen Brauchbarkeit eines Desinfektionsmittels gehalten habe, beweise das Ausbleiben stinkender Gase heute, so Gruber, noch lange nicht die Abwesenheit lebendiger Pilze. In der Praxis der Sanitätsbehörden werde auf diese neuen Erkenntnisse vielfach noch viel zu wenig Rücksicht genommen. Die Ansteckungs- und Gesundheitsgefahr sei durch die noch immer vorherrschende Anwendung von Carbolsäure oder Eisenvitriol nicht zu bannen:

> »Man könnte sagen, es handelt sich gar nicht um Desinfection, sondern um Desodorisation. [...] Dass wir die übelriechenden Gase von uns fern halten müssen, ist gewiss; die Behaglichkeit und die Zuträglichkeit des tiefen Einathmens einer reinen Luft ist nicht anzuzweifeln. Aber fühlen wir uns dazu mehr angeregt, wenn die Luft nach Carbolsäure, als wenn sie nach Fäulnisgasen riecht? Und, falls den Fäulnisgasen eine positive schädliche Wirkung auf den Organismus zukommen sollte, können sie nicht vorhanden sein, ohne dass wir sie riechen? Kann nicht ihr Geruch lediglich durch den intensiveren der Carbolsäure versteckt sein?«[148]

Gruber fügt jedoch sogleich hinzu, daß etwa auch die von Koch vorgeschlagenen neuen Desinfektionsmittel nicht hundertprozentig wirksam seien. Der einzige Ausweg aus diesem Dilemma bestehe daher seiner Meinung nach in der wohlüberlegten und nicht wie bisher äußerst verschwenderischen Anwendung der Mittel und – was viel wichtiger sei – in der Verbesserung der sozialen Verhältnisse und Durchführung hygienischer Reformen:

> »Soll die Desinfection an die Stelle großer sanitärer Verbesserungen treten, dann bleibt sie stets ein elendes Surrogat. Mit einem Bisschen Carbolsäure, mit einem Bisschen Eisenvitriol werden wir die Folgen der hygienischen Sünden und Verbrechen, die auf uns lasten, niemals paralysiren!«[149]

Diese Relativierung der Wirksamkeit aller bisherigen Desinfektionsmittel führt zu Beginn des 20. Jahrhunderts zu einer erneuten Intensivierung der chemischen Forschung auf diesem Gebiet. Zahlreiche neue Mittel werden entwickelt und getestet. Bald verwendet man in den drei städtischen Desinfektionsanstalten, die um die Jahrhundertwende in Wien gegründet werden,[150] nicht mehr Carbolsäure und Eisenvitriol, sondern Formalin und Kresolseifenpräparate (auf Lysolbasis). Mit ihnen hofft man, nicht nur den Gestank, sondern auch die Krankheitskeime endgültig vernichten zu können.[151]

Pferdemist

Das ganze 19. Jahrhundert hindurch findet der Personen- und Gütertransport fast ausschließlich mit Hilfe von Pferden statt. Um 1800 befinden sich in Wien allein rund 6.000 Pferde in Privatbesitz, wozu noch die große Zahl der vom Militär und bei Hof verwendeten Tiere hinzuzurechnen ist.[152] Als im Biedermeier sommerliche Ausflüge mit Zeisel- und Gesellschaftswägen in Mode kommen, steigt die Anzahl der Pferde gewaltig an. Die Straßen sind nicht selten mit hunderten Kutschen verstopft. Johann Pezzl bemerkt 1802, daß bei der abendlichen Rückkehr der Ausflügler »aus dem Prater gewöhnlich ein Zug von Kutschen anrückt, dergleichen man wohl an wenig Orten sehen wird. Zweieinhalb Stunden lang fahren oft über zwölfhundert Wagen, einer dicht hinter dem andern, im sachten Schritt über die Brücke herein.«[153]

Fiaker, Einspänner, Gesellschaftswägen, Omnibusse und später die Pferdetramway gehören fortan zum alltäglichen Straßenbild. Für 1900 wird die Anzahl der Pferde in Wien auf rund 42.000 geschätzt (ohne Militärpferde und Hof).[154] Die Ausscheidungen der Tiere verteilen sich auf allen Straßen und erfüllten sie mit unangenehmen Gerüchen, besonders dort, wo viele Pferde auf einem Platz beisammenstehen. Dies betrifft in erster Linie die Fiaker, die bereits seit Ende des 18. Jahrhunderts fixe Standplätze in der Stadt und den Vorstädten haben. Um die Belästigung möglichst gering zu halten, werden genaue Vorschriften für die Reinhaltung der Standplätze, die natürlich wasserdicht gepflastert sein müssen, erlassen: Sie sind gründlich von allem Pferdemist zu reinigen und täglich zweimal mit roher Carbolsäure zu desinfizieren.[155]

Diese Anordnungen scheinen jedoch nicht immer ordnungsgemäß befolgt worden zu sein, denn vor allem in der Inneren Stadt werden wiederholte Male Beschwerden der Bevölkerung laut. Wie das Stadtphysikat 1876 bei einer Revision feststellt, kommen die mit der Beseitigung des Pferdemists beauftragten Straßenreiniger am Stephansplatz ihrer Aufgabe nur sehr unregelmäßig nach, wodurch

> »die Passanten und Anwohner durch die entstehenden übelriechenden Exhalationen, die diesen Plätzen entströmen, sehr belästigt werden, die

Gesundheit der letzteren aber gefährdet wird, da selbe die Fenster ihrer Wohnungen nicht öffnen können.«[156]

Die Sensibilität der Stadtbewohner für derartige Gerüche dürfte in den folgenden Jahrzehnten noch gestiegen sein. 1894 ereifert sich ein Journalist im *Neuen Wiener Tagblatt*: »Der Brodem, der gegenwärtig von dem mit Staub und Pferdemist bedeckten Pflaster aufsteigt, ist wohl ein entsetzlicherer als er je gewesen.«[157]

Das Problem der von den Exkrementen ausgehenden Geruchsbelästigung löst sich jedoch im Laufe der Jahrzehnte durch den steten Rückgang des Pferdebestandes und die beginnende Motorisierung der Fahrzeuge allmählich von selbst. 1925 werden nur mehr rund 15.300 und 1973 lediglich 1.300 Tiere in Wien gezählt.[158] Auch die Zahl der Fiaker nimmt sukzessive ab (der Höhepunkt wurde um 1900 mit rund 1.000 Fiakern erreicht[159]), wenngleich sie doch nicht völlig aus dem Stadtbild verschwinden und der Geruch nach Pferdemist auch heute noch zu den einprägsamsten Geruchsüberraschungen in der Innenstadt gehört.

Leichengestank

Wie bereits erwähnt, wird der Verwesungsgeruch menschlicher Körper zu den bedrohlichsten, unter Umständen sogar tödlich wirkenden Verunreinigungen der Luft gerechnet. Ende des 18. Jahrhunderts stellt der Arzt Eckhard der Stadt Wien in dieser Hinsicht ein nicht gerade beruhigendes Zeugnis aus:

> »So ist doch meines Erachtens nichts schädlicher und giftiger als die Ausdünstung von den todten Körpern, welche aus so vielen Krüften und Kirchhöfen der Stadt Wien ausströmt, und welche jeder Physiker als ein heimliches Gift und Zunder jeder ansteckenden Krankheit betrachten muß, zumahl da sie den höchsten Grade der scheuslichsten Fäulniß in sich trägt.«[160]

Die im Herzen der Stadt liegenden Friedhöfe und Grüfte von St. Stephan, St. Michael, bei den Schotten an der Freyung oder bei den Augustinern sind mit ihren Ausdünstungen eine ständige Bedrohung.

Der Pferdekot verteilt sich über die ganze Stadt: Straße vor dem Kärntnertor, vor 1858.

Die wegen ihres Leichengestanks gefürchteten Katakomben unterhalb des Stephansdoms, 19. Jhdt.

So verpesten etwa der Friedhof um St. Stephan und die darunter liegenden Katakomben die Luft der Umgebung zeitweilig derart stark mit Fäulnisgeruch, daß der Kirchenbesuch als gesundheitsgefährlich angesehen werden muß:

>»Wenige werden seyn [...], da sie Sommerszeit in die St. Stephans oder eine andere Hauptkirche gegangen, die nicht den offenbahren Todtengeruch und eckelhaften müchtlenden rässen Gestanke (fracedo) mit Widerwillen und Erschütterung empfunden und gewittert hätten; wie oft hat nicht dieser herbe und eckle Todtengeruch jenen, deren Nerven reizbahrer sind, Schauder, Angst, Eckel, Ohnmachten, Schwindel und so man sie nicht gleich in die frische Luft brachte selbst den Todt zugezogen.«[161]

Noch weit intensiver als die Kirchenbesucher sind jedoch die Totengräber dem Leichengestank ausgesetzt. Da sie in der verseuchten Erde arbeiten müssen und meist auch noch in der Nähe der Friedhöfe wohnen, sind sie ständig vom Geruch des Todes umgeben. Von der übrigen Bevölkerung werden sie soweit als möglich gemieden. Geschichten tauchen auf über Totengräber, die sich unvorsichtigerweise zu lange dem Verwesungsgeruch aussetzten und in der Folge schwer erkrankten oder sogar starben. Und die Tatsache, daß alle Angehörigen dieser Berufsgruppe nicht sehr alt werden, scheint die Gefährlichkeit des Leichengestanks nur allzu deutlich zu bestätigen.[162]

Vom gesamten Geruchsspektrum der Stadt ist der Leichengestank derjenige, der am frühesten den Unwillen einer breiten Bevölkerungsschicht erregt. Als eine der ersten stadthygienischen Maßnahmen wird daher bereits unter Joseph II. die Verweisung der Toten aus der Stadt angeordnet. Die rund um die Kirchen angelegten innerstädtischen Friedhöfe verschwinden innerhalb weniger Jahre aus der Stadt, ebenso wie die zahlreichen unterirdischen Gruftanlagen. Als Ersatz dafür werden 1783 fünf neue Friedhöfe, nun jedoch außerhalb des Linienwalls, angelegt (St. Marxer, Matzleinsdorfer, Schmelzer, Hundsthurmer und Währinger Friedhof).

Um die bedrohlichen Gestankszustände nicht wieder aufleben zu lassen, erläßt man 1826 strengere Verordnungen über die Leichenbestattung. Die Totengräber, deren Tätigkeit von der Sanitätsbehörde genauestens kontrolliert wird, haben tagsüber ankommende Leichen noch am selben Abend, in der Nacht gebrachte Leichen sofort bei Anbruch des folgenden Tages zu beerdigen. Gräber sind mindestens zehn Jahre geschlossen zu halten, eine frühere Öffnung darf nur mit behördlichem Einverständnis vorgenommen werden. Grabräuber werden strengstens bestraft.[163]

Fünfzig Jahre später sind jedoch auch die neuen ursprünglich abseits jeder Verbauung gelegenen Friedhöfe von Wohnhäusern umgeben und derart überfüllt, daß sie für die Stadt erneut zur Gesundheitsgefahr werden. Das 1874 vom Gemeinderat mit der Überprüfung der hygienischen Verhältnisse beauftragte Stadtphysikat weist nach,

»dass die Wien wie ein Gürtel umgebenden Friedhöfe, den Neulerchenfelder, protestantischen und israelitischen Friedhof inbegriffen, auf den höchsten Punkten um Wien angelegt sind, daher alle Leichenflüssigkeiten ihren Weg nach Wien nehmen und den Untergrund daselbst mit faulenden Stoffen in reichlichem Masse imprägniren, dass die Ausdünstungen der Friedhöfe durch die herrschenden Winde gerade nach Wien getragen werden, dass die Erde in den Friedhöfen so mit den fauligen Leichenresiduen erfüllt sei, dass die Verwesung dadurch sehr verlängert werde, ja in einigen Friedhöfen gar nicht mehr vorwärts schreite, alle diese Friedhöfe, den protestantischen ausgenommen, wegen Ausnützung jedes verfügbaren Raumes so mit Leichen überfüllt sind, dass sich die üblen Folgen bereits in den sanitären Verhältnissen der Bewohner der naheliegenden Häuser sehr fühlbar machen, dass die Neubauten den Friedhöfen allseitig näher rücken, und somit genug Grund vorhanden ist, die Belegung dieser Friedhöfe mit dem Inslebenrufen eines neuen aufhören zu lassen.«[164]

Noch im selben Jahr läßt die Stadtverwaltung sämtliche Beerdigungen auf diesen Friedhöfen verbieten[165] und einen großen Zentralfriedhof in Simmering, also noch weiter am Rande der Stadt, errichten. Heinrich Adler, Arzt und Verfasser eines *Hygienischen Führers* durch Wien, betont die vom hygienischen Standpunkt aus besonders günstige Lage dieses Großfriedhofes, der sich außerhalb der die Stadt beherrschenden Windrichtung, sieben Kilometer vom Stadtzentrum entfernt, befinde. Der hier vorhandene lockere, kalkhaltige(!) und

Der Zentralfriedhof weit außerhalb des dichtverbauten Stadtgebietes, um 1920.

lehmarme Boden, dessen Grundwasser sich in großer Tiefe befindet, weise zudem ideale Bedingungen für die Bestattung der Leichen auf, deren vollständige Verwesung lediglich drei Jahre in Anspruch nehme.[166]

Der Transport der Toten zum Zentralfriedhof wird ebenso wie die Reinigung der Leichenwagen genauestens geregelt:

> »Die Leichenwagen müssen den Weg von dem Orte, wo der Sarg eingeladen wird, bis zum Centralfriedhofe im Trabe zurücklegen und dürfen weder im Hinfahren noch auf dem Rückwege irgendwo stehenbleiben. [...] Die sämmtlichen Leichenwagen, welche in den letzten 12 Stunden zur Benützung gelangten, werden früh Morgens von eigens dazu durch die zwei Unternehmungen aufgestellten Personen zuerst mit heissem Wasser allseitig gereinigt, dann mit Lösung von Carbolsäure in Wasser ebenso behandelt, endlich in dieselben phenylsaurer Kalk gestreut.«[167]

Die Leichenwagen werden vom Stadtphysikat alle vier bis sechs Wochen penibel auf ihre ordnungsgemäße Reinigung und Funktionstüchtigkeit hin überprüft. Die Konstruktion der Leichenwagen muß derart beschaffen sein, daß

> »weder ein Austritt von Leichengasen oder derlei Flüssigkeiten, noch weniger aber ein Herausgleiten der Leiche aus dem Wagen möglich ist, indem der Verschluss ein doppelter sei, beide Thüren gesperrt werden, die äussere noch dazu mittelst eines Querbalkens festgehalten ist, die Falze mit Kautschukstreifen ausgekleidet sind.«[168]

Leichen von an ansteckenden Krankheiten Verstorbenen und jene, deren Fäulnis bereits weit fortgeschritten ist, müssen mit Carbolsäure besprengt und sorgfältig gewaschen werden. Holzsärge sind mit Pech auszugießen und mit in Carbolsäure getränkten Sägespänen zu füllen, bevor die Leichen darin eingebettet werden.[169]

Zum Schrecken der Bevölkerung gibt es jedoch immer wieder grobe Mißachtungen dieser Vorschriften. So wird 1877 eine Leiche von Wiener Neustadt nach Wien in einem einfachen Sarg überführt, dessen Deckel so verschoben ist, daß man mit der Hand die Leiche betasten kann.[170] Ein Jahr darauf wird eine Kindesleiche, die für das pathologisch-anatomische Museum bestimmt ist, einfach als Handgepäck auf der Westbahn aufgegeben.[171]

Öffentliche Bedürfnisanstalten und Pissoirs

Nach Norbert Elias beginnt sich die Einstellung zu den natürlichen Bedürfnissen bereits im 16. Jahrhundert grundlegend zu verändern. Wie aus einigen Hofordnungen hervorgeht, wird das bis dahin übliche öffentliche Verrichten der Notdurft auf der Straße und an Hausmauern zunehmend sozial geächtet. In der Wernigerodischen Hofordnung von 1570 heißt es beispielsweise:

> »Daß nicht männiglich also unverschämt und ohn alle Scheu, den Bauern gleich, die nicht zu Hofe oder bei einigen ehrbaren, züchtigen Leuten gewesen, vor das Frauenzimmer, Hofstuben und andrer Gemach Thüren oder Fenster seine Nothdurft ausrichte, sondern ein jeder sich jederzeit und -ort vernünftiger züchtiger und ehrerbietiger Wort und Geberde erzeige und verhalte.«[172]

Elias, der sich mit diesem Einstellungswandel im Rahmen seiner Zivilisationsgeschichte ausführlich beschäftigt, führt dies auf den Fremdzwang zurück, der von den sozial höherstehenden Schichten auf die niedrigeren ausgeübt wird. Dieser gesellschaftliche Fremdzwang führt in einem längerfristigen zivilisatorischen Diffusionsprozeß schließlich bei allen Bevölkerungsschichten zur Internalisierung des heutigen Scham- und Peinlichkeitsverhaltens.

Die Folge dieser Entwicklung ist eine »Verhäuslichung« in diesen Bereichen der Bedürfnisbefriedigung. Seine Notdurft wird man künftig immer häufiger zu Hause oder in öffentlichen Bedürfnisanstalten und Pissoirs verrichten, die ab dem 18. Jahrhundert in den Städten entstehen. Im 19. Jahrhundert vollzieht sich schließlich – so Peter Reinhart Gleichmann – »die vollständige Einhausung der vordem wenig oder gar nicht verborgenen Verrichtungen und das ›Veraborten‹ sämtlicher städtischer Häuser«.[173]

Als Vorläufer der Pissoirs können die in Wien an einigen Straßenecken anzutreffenden steinernen Fußplatten gelten. Die Geruchsbelästigung soll damit auf einige fixe Orte beschränkt werden. Der deutsche Schriftsteller Willibald Alexis erwähnt bei seinem Wienbesuch im Jahr 1833 nicht ohne Staunen diese »Einrichtungen, welche die Reinlichkeitspolizei für die Fußgänger in Stein gehauen hat. Statt des notwendigen: Il est defendu -- sieht man hier symbolische Einladungskarten, in Stein ausgemeißelte Fußplatten, daß Du Dich darauf stellen sollst.«[174]

Es dürften sich allerdings nur wenige an diese Vorgaben gehalten haben, denn die Beschwerden über den penetranten Exkrementengestank auf den Straßen werden nicht geringer, im Gegenteil. Schon der bloße Anblick der Urinlacken wird von vielen Bewohnern als ekelerregend empfunden. Immer drängender fordert man die Errichtung von öffentlichen Bedürfnisanstalten und Pissoirs. Adolf Schmidl, eifriger Verfechter bürgerlicher Hygienevorstellungen, wirft der Stadtverwaltung 1847 unbegreifliche Rückständigkeit in dieser Frage vor:

> »Am häßlichsten aber werden die Straßen Wiens durch die Befriedigung jenes Bedürfnisses verunstaltet, für welches nicht nur in Paris durch zahlreiche anständige Asyle in jeder Straße gesorgt ist, sondern wie das elendeste türkische Landstädtchen dergleichen bei jeder Moschee besitzt. [...] Erst im Sommer 1846 hat man auch in Wien versuchsweise 2 derlei, zugleich Humanitäts- und Sanitäts-Anstalten errichtet, aber an so wenig besuchten Orten, fast verborgen, daß sehr zu fürchten ist, an dem geringen Zuspruch dürfte der Versuch scheitern.«[175]

Dieser Zustand dürfte sich auch die folgenden Jahre über nicht wesentlich verändert haben. Noch 1858 beklagt der Arzt Wilhelm Gollmann in seinem Buch *Aerztliche Winke für die Neugestaltung Wien's* den »Mangel an öffentlichen Anstandsorten, welcher sich in Wien bemerkbar macht.« Er schlägt deshalb vor, »dass alle Gast- und Kaffeehäuser, deren Wien über 600 besitzt, von der Behörde angewiesen und strenge beordert werden sollten, jedem Fordernden ohne Unterschied seine Bequemlichkeitsorte zugänglich zu machen.«[176]

Die Stadtverwaltung muß schließlich auf derartige immer häufiger vorgebrachte Beschwerden reagieren. Sie greift den oben zitierten Vorschlag auf und ordnet an, daß die Pißstände jedes Gasthauses allgemein benutzbar sein müssen und jeder Hausmeister bei Bedarf einen Abort zur Verfügung zu stellen habe. Zusätzlich werden an öffentlichen Plätzen und Straßen weitere Pissoirs errichtet, die nach englischem Vorbild bereits mit einer Wasserspülung ausgestattet sind. Das Stadtphysikat beanstandet jedoch immer wieder die versäumte

Reinigung der Anstalten – sie müssen zur Desinfektion zweimal täglich mit roher Carbolsäure gewaschen werden – und ihren oft defekten Zustand.[177]

Als 1873 in Wien die Weltausstellung stattfindet, entschließt man sich aufgrund des zu erwartenden Publikumsandrangs, an verschiedenen Plätzen zusätzlich sogenannte »Stummer'sche Anstandshütten und Anstandswagen« aufzustellen, die sowohl mit Pissoirs als auch mit Aborten ausgestattet sind. Für die folgenden Jahre wird ihr Weiterbestand jedoch untersagt, da die einzelnen Abteilungen allzu eng gebaut und die zur Aufnahme der »Auswurfstoffe« dienenden Petroleumfässer häufig undicht sind, was bereits wiederholte Male zu Beschwerden der Anrainer geführt hatte.[178]

Um 1880 gibt es in Wien zwar erst einige wenige, meist in Parkanlagen aufgestellte öffentliche Aborte, aber immerhin bereits 127 öffentliche Pissoirs.[179] Jedoch: Die Maßnahmen zur Beseitigung der Geruchsbelästigung bleiben auch weiterhin unbefriedigend. Große Mengen an Wasser und Desinfektionsmittel sind für deren Betrieb notwendig – und trotzdem kann die Entstehung von Gestank nicht ganz verhindert werden:

> »Es ist gewiss richtig, daß durch das Wasser der Urin verdünnt wird; die üblen Eigenschaften desselben werden aber hiedurch nicht gründlich beseitigt. Auch der gewässerte Urin zersetzt sich rasch an der Luft und erzeugt schädliche, in gewisser Beziehung sogar gefährliche Fäulnisproducte. An der benetzten Pissfläche findet eine mehr oder minder rasche Verdunstung der Flüssigkeit statt, wodurch die Luft des Pissraumes mit übelriechenden Gasen geschwängert wird.«[180]

Angesichts dieser Situation tritt 1881 der Berliner Kaufmann Wilhelm Beetz an den Wiener Gemeinderat mit der Bitte heran, von ihm entwickelte, völlig geruchlose öffentliche Bedürfnisanstalten in Wien aufstellen zu dürfen. Beetz verwendet als erster Öl zur Desinfektion, sein völlig neuartiges »Öl-Urinoir« wird sich in der Folge ausgezeichnet bewähren. Eine dünne Ölschicht überzieht die aus Naturtonschiefer bestehenden Wände der Pißbecken, an deren unterem Ende sich ein von Beetz entwickelter Spezialsiphon befindet, in den ebenfalls Öl gegossen wird. Dies bewirkt, daß der an die Wände des

Bedürfnisanstalt am Ring, um 1900.

Pavillon-Pissoir in einem Park, um 1900.

Beckens gelangende Urin von den eingeölten Flächen abgestoßen und rasch in den Siphon befördert wird. Hier taucht er unter die Ölschichte und ist damit zur Gänze von der Luft abgeschlossen.[181]

Die von Beetz entwickelten Pissoirs sind weitgehend geruchlos und brauchen überdies keinen Tropfen Wasser. Es muß lediglich einmal täglich Öl an die Pißwände aufgetragen und in den Siphon eingebracht werden. Und noch eine Neuerung ist mit den Beetz'schen Bedürfnisanstalten verbunden: Wurden bisher fast ausnahmslos Pissoirs für Männer errichtet, so sind in den neuen Anlagen nun auch eigene Abteilungen für Frauen untergebracht.

Am 30. September 1883 wird die erste »Bedürfnisanstalt für beide Geschlechter« unter großer Anteilnahme seitens der Kommunalpolitiker und der Bevölkerung auf einem Kinderspielplatz in der Invalidenstraße eröffnet. Die Klosetts sind, wie das *Wiener Sonntagsblatt* lobend erwähnt, »praktisch angelegt und recht bequem«.[182] Der Preis für die Benützung beträgt vier Kreuzer für die I. Klasse (mit Waschgelegenheit) und zwei Kreuzer für die II. Klasse. Die Benützung der neuartigen *Öl-Urinoirs* ist kostenlos.

Diese Probeanstalt ist derart überzeugend, daß die Gemeinde Wien 1883 beschließt, Beetz die Genehmigung zum Umbau der bereits vorhandenen Pissoirs zu erteilen und auch zusätzliche neue Bedürfnisanstalten nach seinem System errichten zu lassen. Diese sollen zunächst von der Firma Beetz auf eigene Kosten hergestellt und auch betrieben werden, nach 25 Jahren jedoch in das Eigentum der Gemeinde übergehen.[183]

In den folgenden Jahren werden in den Straßen, Plätzen und Gärten der Stadt zahlreiche Beetz'sche Anlagen aufgestellt, wobei im wesentlichen zwei Modelle zur Anwendung gelangen: achteckige Pavillon-Pissoirs mit fünf zentral angeordneten Pißständen sowie rechteckige Bedürfnisanstalten mit acht WC-Zellen und sechs Pißständen. 1910 gibt es in Wien bereits 73 öffentliche Bedürfnisanstalten und 137 Pissoirs, die alle von Beetz errichtet wurden.[184] Innerhalb von nur wenigen Jahrzehnten ist Wien damit zu einer Stadt mit Vorbildwirkung für ganz Europa geworden.[185]

Darunter befinden sich auch bereits zwei unterirdische Anlagen. 1905 war die erste derartige Bedürfnisanstalt unter dem Joseph-

Brunnen am Graben errichtet worden. Um einen kleinen Raum für die Wartefrau sind je sechs WC-Zellen für Frauen und Männer sowie zwölf Pißstände angeordnet. Die Ausstattung und die Verwendung der Materialien zielen auf äußerste Eleganz und Exklusivität: verflieste Böden, vertäfelte Decken, Trennwände und Schiebetüren aus Eichenholz, polierte Schiefer – und geschliffene schwedische Granitplatten bei den Pißständen. Der Vorraum zum Frauen-WC ist mit einem großen Wandspiegel und Wandschmuck aus Majolika ausgestattet. Hier befindet sich – ebenso wie im zweiten Vorraum – inmitten von Blumen ein von Fischen und Eidechsen bevölkertes Aquarium mit Springbrunnen. Die Waschtische sind mit Kalt- und Warmwasser versehen, die Beleuchtung ist von Anfang an elektrisch. Die notwendige Entlüftung erfolgt durch die Schäfte von zwei Kandelabern, wodurch dieser Ort – wie Zeitgenossen begeistert versichern – von Geruchsbelästigungen vollkommen frei ist.[186]

Die Errichtung einer derart exklusiven öffentlichen Bedürfnisanstalt an einem der belebtesten Plätze im Herzen der Stadt markiert den Höhepunkt des Bemühens, die unangenehme Atmosphäre eines solchen Ortes soweit wie möglich in den Hintergrund zu drängen. Wohlsituierte Damen und Herren können hier, inmitten des elegantesten Interieurs, ungestört von fremden Blicken und frei von penetranten Gerüchen ihre Notdurft verrichten. Und der Andrang der Besucher ist groß. So muß in der auch die ganze Nacht über offenen Anstalt schon nach kurzer Zeit neben der obligaten Wärterin ein zusätzlicher Wärter eingestellt werden.

Die Lösung des virulenten Geruchsproblems gelingt Wilhelm Beetz derart überzeugend, daß nicht nur in Wien, sondern bald auch in Paris, Berlin, Budapest, ja sogar in Mexiko Bedürfnisanstalten nach seinem System errichtet werden.[187] Beetz wird damit zu einem der bedeutendsten Großindustriellen Österreichs. Die von seinen Nachfolgern geleitete Firma ist auch heute noch im dritten Wiener Gemeindebezirk ansässig.

Die vor wenigen Jahren renovierte Bedürfnisanstalt am Graben ist bis heute in Verwendung, ebenso wie zahlreiche andere oberirdische Anlagen der Firma Beetz. Ein Besuch dieser Bedürfnisanstalten und Pissoirs macht jedoch deutlich, daß die Geruchsbeseitigung auch mit diesem System nicht vollständig gelang. Die jahrelange Benützung hinterläßt im Inneren der Anlagen einen hartnäckigen, ranzig-säuerlichen Gestank, der sich – im Falle von offenen Pissoirs – im Sommer nicht selten bis auf die Straße ausbreitet. Die von H.C. Artmann Ende der fünfziger Jahre beschriebenen Erfahrungen mit einem dieser unverwechselbaren »grünen Blechtürme«, wie sie der Volksmund nennt, sind zeitweise wohl auch heute noch nachvollziehbar:

»waun s d fabei gesd
en suma
um d mitoxzeid

fua r an so an
gringschdrichanan blechduam
do hot de luft
de schene
woame
laue
blaue
wos aundas au
aun d finga
oes glaseehandschuach ...
do nutzt ka flida ned
kaa rosn
kaa jassmin
jo nedamoe a kochaz
fassl fola deea ...

do hast s nua r ans
mei liawa freind:
en odn koedn
und
de aung zuadrugt -
und duach

wia domoes
drunt aun da biawe!«[188]

Abdichtung und Reinigung der Straßen

Im Sommer Staub – im Winter Kot

Jener Geruch, der Bewohner wie Besucher von Wien am meisten beschäftigt, ist der allgegenwärtige Gestank nach Staub. Aufgewirbelt von den Rädern der Wagen und den tausenden Füßen der Menschen und Tiere, stellt der Staub eines der drückendsten und lästigsten Übel dar. Nicht nur Johann Pezzl klagt 1803 darüber, daß man als Fußgänger abends oft wie durch einen dichten Nebel irre und »die Laternen durch den Staub nur dunkel flimmern«. Oft genüge der leiseste Luftzug, um die Fußgänger in eine Wolke aus Staub einzuhüllen.[189] Der schon erwähnte Arzt Nikolaus Theodor Mühlibach konstatiert 1815 in Wien sogar wüstenähnliche Verhältnisse: »Nicht selten ist ganz Wien so in [...] Staub eingehüllt, wie ehemals Egypten in seine Finsterniß.«[190] Die Beschwerden über die Staubplage bleiben das ganze 19. Jahrhundert hindurch vernehmbar. Noch in den achtziger Jahren heißt es:

> »Wenn aber heute noch eine Stadt insonderheit unter dem Manen des biblischen Fluches: ›*Staub sollst du fressen dein Leben lang!*‹ steht, so ist dies sicher unser schönes Wien. Die Belästigungen durch Staub in den Häusern, Strassen und sogar in den Parkanlagen sind bei uns geradezu bis zur Unerträglichkeit gesteigert, der Leidensweg, den Jedermann fast täglich durchzumachen gezwungen ist, wäre schon eine Schilderung wert.«[191]

Doch auch in der feuchten Jahreszeit ist es bei weitem nicht angenehm, durch die Stadt zu flanieren:

> »Wenn es regnet, wird Wien dem Fussgänger ein wahres Fegefeuer. Die schmierigen Strassen sind mit tiefem Koth bedeckt, die schmutzigen Rinnen überschwemmen das Trottoir. [...] Die Räder der Wägen spritzen den Koth massenweise auf, die Schaufenster der Gewölbe sind mit ihm bedeckt. Umsomehr bekommt der Fussgänger, welcher den Fuhrwerken noch näher ist, eine wahre Kothverkleidung.«[192]

Immer lauter wird der Ruf nach Pflasterung der Straßen, nicht nur in der Innenstadt, sondern vor allem auch in den Erholungsgebieten außerhalb der Stadtmauer:

> »Hätten unsere Vorstädte und der Weg um die Esplanade ein Pflaster, so würden nebst den Anstalten des öftern Aufspritzens und Säuberns im Sommer manchen Uebeln der Lungen sowohl als der Augen Schranken gesetzt werden. ([...] nicht zu erwähnen, daß auch unsere Kleider vom Staube weniger leiden würden!) Im Winter könnte Niemand über die ungeheuer kothigen Wege, über außerordentliche Näße der Füße klagen. – Dies erhabene Unternehmen, Wiener! ist Eurer ganz würdig; so kostspielig es ist, so wird es doch gewiß von der Kostbarkeit unserer Gesundheit weit überwogen.«[193]

Die Befestigung der Straßen, die abwechselnd als Sumpf oder als Staubmeer empfunden werden, wird zu einer der wichtigsten Fragen für die Überlebensfähigkeit der Stadt. Hierin sind sich die zunächst vor allem ästhetische und ökonomische Interessen vertretenden Stadtväter mit den Hygienikern einig. Der Pilsener Ingenieur Daniel betont 1893 folgerichtig, »dass ein gut conservirtes Strassennetz sowohl vom baulichen als ökonomischen, und vor allem vom Standpunkte der Hygiene Wiens eine schwerwiegende Frage für die Zukunft bildet.«[194]

Die Konservierung der Straßen ist aber noch in einem tieferen Sinn als äußerst wirksame hygienische Maßnahme zu verstehen. Als Abdichtung des Untergrundes bietet sie einen isolierenden Schutz gegen den verseuchten Boden und die Fäulnis des Grundwassers. Man ist überzeugt, daß damit ein Austreten der im Boden vorhandenen gefährlichen Miasmen verhindert und so auch eine Verbesserung der Geruchsverhältnisse erzielt werden kann.

Staubplage in den Straßen des Vorortes Döbling, 1816.

Stein, Asphalt, Beton, Öl, Teer

Würfelförmig behauene Steine werden in Wien seit 1826 zur Straßenpflasterung verwendet. Sie bestehen aus Granit, der zumeist aus der Umgebung von Mauthausen stammt, wo die Stadt Wien mehrere Steinbrüche besitzt. Die zwischen den verlegten Würfeln entstehenden Fugen von etwa einem Zentimeter Breite werden gewöhnlich mit Sand, in stark befahrenen und in steil ansteigenden Straßen sowie an Wagenstandplätzen mit einer Mischung von Asphaltsurrogaten, Steinkohlenteer und Pech unter Beigabe von Wellsand ausgegossen. Für die Fußgänger werden eigene breite Bürgersteige angelegt.[195] Bald ist Wien für diese Art der Pflasterung in ganz Europa berühmt. Adolf Schmidl bemerkt 1847 voller Stolz:

> »Unübertroffen ist aber Wien durch sein herrliches Pflaster. [...] Das Wiener Pflaster ist [...] in neuester Zeit so verbessert worden, daß es durchaus seines Gleichen nicht hat. Es besteht jetzt überall aus sorgfältig behauenen Granitwürfeln und nicht blos im Fußwege (trottoirs), sondern auch in der Mitte der Straßen im Fahrwege, sowie auf den Plätzen, wo die Steine sogar in mannichfaltigen Figuren gelegt sind.«[196]

1872 werden erste Versuche mit Asphaltpflaster durchgeführt, dessen Anwendung sich bereits in Paris und London bewährte und das nun auch in Wien Anlaß zu großen Diskussionen gibt. Um die sogenannte »Pflasterungsfrage« bricht ein heftiger Streit aus. Die Verfechter des neuen Materials weisen auf seine unübersehbaren Vorteile hin: »Die Oberfläche des Asphalts ist glatt, undurchdringlich und ohne Fugen.« Die asphaltierten Straßen seien daher leiser und trockener und ließen sich auch besser reinigen als die Steinpflaster, in deren Fugen sich der Schmutz ansammle, der bei Regen feucht werde und modrig stinke. Die Gegner des Asphalts betonen vor allem die speziell bei nassem Wetter erhöhte Rutschgefahr für Pferde und Fuhrwerke.[197]

Daß sich die Anwendung des Asphalts – ebenso wie später des Betons – letztlich durchsetzt, liegt nicht zuletzt auch daran, daß auf diese Weise eine völlige Abdichtung des Bodens möglich wird. Damit sind auch die letzten Fugen und Ritzen zu beseitigen, aus denen die gefährlichen Miasmen an die Oberfläche dringen könnten.

Die erfolgreiche Beseitigung von Staub und Kot wird als Triumph der Hygiene und Befreiung von einem Jahrhunderte währenden Übel gefeiert. Die offensichtliche Wirksamkeit der Straßenversiegelung veranlaßt einen Ingenieur sogar dazu, den Ausbau der Straßenbahn in Wien abzulehnen, da die Geleise das geschlossene Profil der Straße zerstören und sich in den entstehenden Zwischenräumen erneut Schmutz und Kot ansammeln würde.[198]

Ende des Jahres 1907 ist in Wien bereits eine Fläche von über sieben Millionen Quadratmetern mit Stein, Asphalt, Beton, Holz oder Klinker bepflastert. Die Hälfte der Fahrbahnen und drei Viertel der Fußsteige sind auf diese Weise befestigt.[199]

Ungepflastert bleiben zunächst noch viele Straßen der Vorstädte und Vororte. Hier werden ab den zwanziger Jahren neue, von der chemischen Industrie entwickelte Produkte zur Versiegelung angewandt. Durch Auftragung von Mineralölen (verwendet werden vor allem säure- und benzinfreie Öle mit hohem Paraffingehalt) und Teerpräparaten kann auf billige Weise ein glatter und geschlossener Deckenüberzug hergestellt werden, der besonders die Staubbildung wirkungsvoll hintanhält. Öl und Teer werden in kaltem bzw. heißem Zustand auf die Straßenoberfläche aufgebracht und anschließend mittels Bürsten verteilt. Aufgrund der geringeren Beständigkeit dieser Versiegelungsart ist allerdings nach ungefähr sechs Monaten eine Nachimprägnierung erforderlich. 1926 sind in Wien bereits rund zwei Millionen Quadratmeter Straßenfläche mit einer derartigen »Straßenölung« abgedichtet.[200]

Straßenpflege und Müllabfuhr

Für die Bewohner der Stadt ist es über Jahrhunderte hinweg ganz selbstverständlich, die Straße als Müllablageplatz zu verwenden. Obwohl bereits 1672 der Bevölkerung anbefohlen wird, Kehricht, Unrat und Tierleichen nachts nicht auf die Strasse zu werfen, und obwohl 1709 die regelmäßige Straßensäuberung eingeführt wird,[201] sind viele Straßen weiterhin mit Unmengen von Kot, Pferdemist, Kehricht und vor allem Staub übersät. Auch ein 1782 erlassenes

Gepflastert und vom Gestank befreit: die Universitätsstraße bei der Votivkirche, vor 1900.

Die Straßen in den Vororten bleiben noch längere Zeit unbefestigt: Leopoldau, um 1900.

Gesetz, wonach in der Innenstadt und in den Vorstädten die Hauseigentümer bzw. Hausmeister zweimal täglich (frühmorgens und nachmittags) die Straße vor ihrem Haus mit Wasser zu sprengen haben,[202] ändert daran zunächst nur wenig.

Die Reformatoren der Stadthygiene empfehlen daher, Angehörige der unteren sozialen Schichten – Vagabunden, Herumtreiber, Bettler, Gelegenheitsarbeiter – zur Straßenreinigung einzusetzen. In Bern sind es um 1780 Zuchthäusler, die die Straßen der Stadt säubern. Corbin erwähnt, daß viele Stadtverwaltungen hoffen, die Stadt auf diese Weise nicht nur vom Gestank des Unrats zu befreien, sondern sie auch im gleichen Zuge vor der »sozialen Infektion« zu schützen.[203] Geruchsverbesserung der Stadt und moralische Besserung von Kriminellen und unteren sozialen Schichten werden somit nicht nur aus Gründen der Arbeitsökonomie vereint.

Auch in Wien werden bis Ende des 18. Jahrhunderts nicht nur Verbrecher und Betrüger, sondern auch Bettler und Vagabunden als Abschreckung zum Gassenkehren angehalten.[204] Zum Gaudium der Passanten schneidet man ihnen vor Arbeitsantritt öffentlich die Haare ab. Manche einst angesehenen und ehrwürdigen Herren müssen nun der erniedrigenden Zwangsarbeit in Staub und Dreck nachgehen. Das Gespött der Leute ist ihnen sicher:

»Ihr Herren, die ihr durch die Strassen,
In prächtigen Karossen sprengt,
Die ihr mit Lachen und mit Spassen
Am Graben in einander hängt,
Die ihr mit Husten und mit Streichen
Spatzieren auf dem Hofe geht;
Kommt, daß ihr viele eures Gleichen,
Schön angereiht beysammen seht.
[...]
Laßt euch dieß zum Exempel dienen,
Ihr Modeherren insgemein,
Die dort in gänsdreckfarbnem Grünen,
Und alla Mod gekleidet seyn.
Zählt täglich eure eignen Thaler,
Laßt fremdes Geld und Phrynen stehn,

Sonst wird das Zuchthaus für euch Zahler,
Und müßt geschoren kehren gehn.«[205]

Auch der »Eipeldauer« amüsiert sich auf seinen Spaziergängen durch die Innenstadt über die straßenkehrenden »Zuchthausmenschen«: »Die Gfangnen, die d' Gassen kehrn, habn mir auch gfallen. [...] S' haben recht lustige Einfälle, und mit ihrn Kettn machn S' eine Musik, wie ein Glockenspiel.«[206] Das häufige Gespött der Passanten und die Angst vor Vergeltungsakten der Betroffenen mögen wohl auch der Grund dafür sein, daß man diese Art der öffentlichen Zwangsarbeit, die sowohl Männern als auch Frauen verordnet wurde, nach dem Tod Josephs II. abschafft.[207]

Die Arbeit verrichten fortan in erster Linie Taglöhner, die – wie aus einer Schilderung von 1810 hervorgeht – bald zu Hunderten, den Unrat kehrend und Wasser aufspritzend, durch die Straßen Wiens ziehen:

>»Es werden [...] ein paar hundert Taglöhner oder junge Burschen in die Gassen vertheilt; sie kehren den Staub, den Koth und die übrigen Unreinigkeiten in die Mitte der Straße, hinter ihnen werden Fässer mit Wasser geführt, welches man auslaufen läßt; diesem wird durch den Kehrbesen der Arbeitenden nachgeholfen, und so der Koth bis in die nächste Canalöffnung geschwemmt.«[208]

Zwar wird die vorschriftsgemäße Durchführung der Straßenreinigung von der Sanitätsbehörde genauestens überwacht, in den etwas abseits gelegenen, infrastrukturell vernachlässigten Gegenden dürften allerdings noch lange einigermaßen unhygienische Straßenverhältnisse geherrscht haben. So etwa in der Brigittenau, wo der Kanalunrat aus den anderen Bezirken entleert und in den Straßengräben zur Verdunstung aufgelegt wird, um anschließend als Dünger verwendet zu werden.[209] Auch der Liniengraben zwischen Mariahilf und Hernals wird von den Sanitätsaufsehern fast nie rein, sondern mit Äsern, Mist und Unrat angefüllt vorgefunden.[210] Noch um 1900 gibt es in Favoriten arg vernachlässigte Straßenzüge, wie die Quellenstraße, über die der Gemeinderat und spätere Bürgermeister Jakob Reumann schreibt:

Das Scheren weiblicher »Zuchthäusler« und deren Verwendung als Straßenkehrer in Wien, um 1800.

»Die Quellenstraße [...] gehört zu den vernachlässigsten Bezirksteilen Wiens. Misthaufen liegen in verschiedenen Gassen, es werden nicht einmal Mistkisten aufgestellt. Straßenkehrer reinigen oft tage-, ja wochenlang nicht die Gassen und Straßen. Die Straßenbespritzung findet ebenso unregelmäßig statt. Mauerschutt und Erdaushub wird in der Quellenstraße abgelagert. Staubmassen verbreiten sich ...«[211]

Nach Ansicht der Hygieniker ist die Reinigung der vom Abfall übersäten Straßen neben der Kanalisierung eine der wichtigsten Maßnahmen, die unmittelbar zur Verbesserung der Luft- und damit der Geruchsverhältnisse in der Stadt beitragen können. 1872 richtet der Arzt Richard Müller ein mahnendes Wort an die Bewohner Wiens, in dem er eindringlich vor den giftigen Dämpfen auf der Straße warnt:

»Der wichtigste Factor für die Luftverbesserung einer Stadt ist neben einer zweckmäßigen Canalisierung derselben die Strassensäuberung. Diejenigen unserer Leser, denen diese Behauptung etwas kühn scheinen dürfte, mögen sich die Mühe geben und vor ihrer Phantasie die tausende und tausende Gegenstände aufsteigen lassen, deren Trümmer den Strassenschmutz darstellen. Die Abfälle von hunderten von Gewerben, von ebenso vielen Küchenvorräthen, menschlichen und thierischen Auswurfstoffen, – dies Alles vom Wasserdunste aus der Atmosphäre oder von atmosphärischen Niederschlägen befeuchtet, zu einem Teig von tausenden Rädern und Fußtritten zusammengeknetet. Dieser Teig reich an organischen Stoffen, wird von den wärmenden Strahlen der Sonne in einen Gährungsherd verwandelt, aus welchen organische flüchtige Säuren, Stickstoffverbindungen in die Luft aufsteigen und dadurch die Luft vergiften.«[212]

Für die Reinigung der Straßen ist deren Befestigung eine wichtige Voraussetzung. Nur versiegelte Straßen können geruchfrei gemacht werden. Das dreckige Wasser wird – ebenso wie das früher oft wochenlang stehengebliebene Regenwasser – sofort in die Kanäle abgeleitet. Erleichtert wird diese Arbeit durch die im Jahre 1873 eröffnete Erste Hochquellenwasserleitung. Damit gibt es in Wien erstmals Wasser in ausreichender Menge, sodaß die Straßen regelmäßig bespritzt und gesäubert werden können.[213]

Die Fertigstellung der Wasserleitung geschieht gerade rechtzeitig für ein weiteres wichtiges die Hygiene der Stadt vorantreibendes Ereignis in diesem Jahr: die Weltausstellung. Den zu erwartenden zahlreichen Besuchern soll der Eindruck einer modernen Großstadt mit sauberen Straßen und Plätzen vermittelt werden:[214]

»Das Weltausstellungsjahr ist da. – Eine Schar weitgereister Leute wird unsere Residenz besuchen und wir dürfen ihnen nicht das Schauspiel einer schlecht gesäuberten Stadt bieten, wie es gegenwärtig doch in Wirklichkeit ist.«[215]

Maßnahmen zur Straßenreinigung werden aus diesem Anlaß ebenso forciert wie die schon erwähnte zusätzliche Aufstellung von mobilen Abortanlagen.[216] Doch erst die flächendeckende Versorgung der Häuser mit Wasserleitungen und Wasserklosetts (die Bauordnung von 1883 schreibt erstmals zwingend den Einbau von »Waterclosets« vor[217]), der Ausbau der Kanalisierung sowie die Einführung einer regelmäßigen Müllabfuhr ermöglichen es der Bevölkerung, ihre Fäkalien und Abfälle auf geordnete und hygienische Weise zu entsorgen. So wird der Druck auf die Straße allmählich geringer.

Schon bald verrichtet man die Straßenreinigung unter Zuhilfenahme von Fuhrwerken und Maschinen. Hinter einem von zwei Pferden gezogenen Sprengwagen fahren drei ebenfalls von Pferden gezogene Kehrmaschinen, denen elf Arbeiter nachfolgen, die das Einsammeln des Kehrichts besorgen. Derartige Arbeitstrupps werden über die ganze Stadt verteilt. Gemäß den geltenden Vorschriften sind die Straßen je nach Verkehrsdichte sechs- bis dreimal wöchentlich zu kehren und mehrmals täglich mit Wasser zu sprengen, wobei diese Arbeit wenn möglich frühmorgens oder in der Nacht verrichtet werden soll.

Die Wiener Bevölkerung registriert penibel die Einhaltung dieser Bestimmungen. Ihre Sensibilität ist, vor allem was die Staubbelästigung betrifft, inzwischen noch mehr gestiegen. »Morgenstunde – Staub im Munde«, kommentiert der Feuilletonist Friedrich Schlögl 1895 ironisch die Tätigkeit der zahlreichen Straßenkehrer.[218] Die des öfteren vorkommende schlampige Vorgangsweise bei der Straßenreinigung wird auch in den Zeitungen heftig beklagt:

»Man möchte zuweilen aus der Haut fahren, wenn man sieht, daß die Reinigung Mittags oder Nachmittags, zur Zeit der größten Frequenz und

Wasserwagen der Gemeinde Wien, 1880.

»Ich möchte nur wissen, warum es in diesem Wien immer und immer staubt? Selbst an Tagen, wie heute, an denen sich auch nicht ein Lüftchen regt ...!«

Stoß-Seufzer eines Fremden über die Staubplage in Wien, 1880.

»Mistbauer« auf dem Karmeliterplatz, 1911.

sogar bei Wind vorgenommen wird, der das gekehrte Unrathhäufchen sofort wieder auseinanderwirbelt und den Passanten ins Gesicht weht.«[219]

Der für die Straßenreinigung nötige Aufwand steigert sich in den folgenden Jahren, nicht zuletzt aufgrund der Stadterweiterungen, gewaltig. 1910 sind bereits 2.600 Arbeiter mit der Säuberung und Geruchsreinhaltung der Straßen beschäftigt. Zusätzlich steht der Stadt Wien ein eigener Fuhrpark, bestehend aus 571 Pferden, 113 Kehrmaschinen, 77 Sprengwagen, 172 Kehrichtwagen und 127 Spezial-Wagen, zur Verfügung. Erstmals werden auch Versuche mit einer »automobilen Kehrmaschine«, die den Kehricht automatisch aufsammelt, angestellt.[220]

Einen entscheidenden Beitrag zur Reinhaltung der Straßen leistet die geregelte Abfuhr des Hausmülls, der seit 1839 von privaten Fuhrunternehmern, den sogenannten »Mistbauern«, gesammelt und entsorgt wird. Eine gesetzliche Verpflichtung für die Entsorgung des Mülls besteht damals allerdings noch nicht, der Abtransport ist für die Hauseigentümer zunächst noch kostenlos.

Um die Jahrhundertwende wird die Sammlung des Hausmülls im 1. Bezirk bereits täglich, in den übrigen Bezirken ein- bis zweimal wöchentlich vorgenommen. Die Ankunft des »Mistbauern« wird den Hausparteien durch Läuten einer Glocke angekündigt, worauf sie ihre Gefäße auf die Straße bringen, wo sie von einem »Aufleger« übernommen und in den pferdegezogenen Sammelwagen entleert werden. Da der Großteil des Mülls aus Asche und Staub besteht, sind jedoch nicht nur die »Mistbauern« selbst, sondern auch die Hausbewohner regelmäßig unangenehmen Geruchs- und Staubbelästigungen ausgesetzt.[221]

Eifrig werden neue Methoden der Müllabfuhr gesucht. So erprobt man 1901 das Wechselgefäßsystem »Koprophor«, mit dem der Patentinhaber Alexander Hartwich der Stadtverwaltung eine vollkommen staubfreie Müllabfuhr in Aussicht stellt: In jedem Haus soll ein aus verzinktem Eisenblech hergestellter, verschließbarer Sammelbehälter aufgestellt werden, der – sobald er voll ist – gegen einen leeren Behälter ausgetauscht und abtransportiert wird. Die Abfuhr des Hausmülls kann somit völlig ohne Umschüttung und Staubentwicklung vorgenommen werden. Um auch die Entleerung der »Wohnungsgefäße«, die ebenfalls aus verzinktem Eisenblech angefertigt sind und jedem Mieter zur Verfügung gestellt werden, in den Sammelbehälter staubfrei zu gestalten, wird eine Staubhaube verwendet, die mit einer automatisch schließenden Klappe versehen ist.[222]

Obwohl das »Koprophor«-System damit weitaus effizienter als alle bisherigen Methoden ist, ist es der Stadtverwaltung letztlich doch zu aufwendig und zu teuer. Außer einer kurzen Erprobungszeit gelangt es jedenfalls in Wien nicht zur Anwendung.

Durchgesetzt hat sich schließlich das 1918 versuchsweise erprobte »Colonia«-System (benannt nach der Stadt Köln, wo es erstmals mit Erfolg angewandt wurde). Auch die »Colonia«-Kübel weisen im Unterschied zu den bisher gebräuchlichen Kisten und Tonnen einen leicht zu handhabenden Verschluß gegen den Staub auf, womit ihre Befüllung ohne große Staubentwicklung möglich ist. Im Unterschied zum »Koprophor«-System werden sie jedoch nicht zur Gänze ausgewechselt, sondern in Müllwägen entleert, die ihrerseits mit einer speziellen Staubschutzvorrichtung ausgestattet sind. In den kommenden Jahren werden die neuen Behälter in sämtlichen Innenhöfen der Stadt aufgestellt, wobei ein Kübel mit 90 Liter Inhalt für fünf bis sieben Wohnungen berechnet wird. 1923 ist die Umstellung auf das auch heute noch gebräuchliche »Colonia«-System abgeschlossen: 173.478 »Colonia«-Kübel sind aufgestellt – der Kampf gegen den Müll-Staub ist gewonnen.[223]

Die regelmäßige Müllabfuhr wird 1934 gesetzlich verankert und flächendeckend für ganz Wien eingeführt. Die Reinigung der Stadt hat allerdings ihren Preis. Von nun an ist für die Müllabfuhr ein Entgelt zu entrichten.[224]

Die Geruchsbelästigung verlagert sich vom Zentrum der Stadt hin zu jenen Orten außerhalb des dichtverbauten Stadtgebietes, an denen der Abfall entsorgt wird. In aufgelassenen Sand- und Schottergruben und in natürlichen Terrainmulden werden Deponien für den Müll angelegt. Der größte derartige Ablagerungsplatz befindet sich im Gebiet des Bruckhaufens (22. Bezirk), wo sich bis zu zwölf Meter hohe Schutt- und Müllberge türmen. Im 16. Bezirk wird eine ehe-

Müllabfuhr nach dem System »Koprophor«, 1901: Haussammelgefäß mit Staubhaube.

Müllabfuhr nach dem System »Koprophor«, 1901: Sammelwagen.

Das neue Mobiliar der Hinterhöfe: »Colonia«-Kübel, 1927.

malige Sandgewinnungsstätte zu einer ausgedehnten Mülldeponie umfunktioniert. Ein Ottakringer, der dieses Areal gemeinsam mit seinen Freunden als Spielplatz benutzt, erinnert sich an haushohe Misthaufen und noch nicht aufgefüllte Löcher, in denen das Regenwasser übelriechende Tümpel, oft von beträchtlicher Tiefe, bildet.[225] Weitere größere Müllhalden befinden sich bei der Lidlgasse (17. Bezirk), an der Laxenburger- und Bitterlichstraße (10. Bezirk) sowie an der Eibesbrunnergasse (12. Bezirk).[226]

Die Endlagerung außerhalb der Stadt erweist sich jedoch bald als keinesfalls optimale Lösung für die Beseitigung der immer größer werdenden Müllberge. Hygienische, geruchliche und auch wirtschaftliche Argumente sprechen immer mehr für eine völlige Beseitigung des Unrats. Der Arzt Doorn van Rhin weist 1912 die Gemeindeväter eindringlich darauf hin, daß Deponien Seuchen hervorrufen können, da der Hausmüll durch seine zahlreichen organischen Bestandteile wie Fleischreste, Knochen oder Gedärme einer raschen Zersetzung unterliege, wodurch sich seine Temperatur erhöhe und übelriechende Gase entstünden: »Man braucht nur so einem Kehrichtberge auf einige hundert Meter nahe zu kommen, und man wird bald trachten, zu retirieren.«[227]

Als besonders gesundheitsgefährlich wird die Tätigkeit der »Stierler« angesehen, die den Mist nach brauchbaren Materialien durchsuchen und dabei ständig neu aufwirbeln. In der Deponie an der Laxenburgerstraße sind dies rund sechzig bis hundert Personen, meist Frauen, die riesige Haufen von Glasstücken, Metallsachen oder Hadern aufschichten, welche schließlich von einem Unternehmer abgeholt und in Fabriken weiterverarbeitet werden. Lohn erhalten die inmitten von Ungeziefer, Ratten und Gestank arbeitenden »Stierler« keinen, sie dürfen lediglich den ausgeklaubten Koks unentgeltlich mitnehmen.[228] Ihr Ansehen in der Bevölkerung entspricht dem der übrigen Gestank ausströmenden Menschen. Geduldet werden sie nur, weil sie weit außerhalb der Stadt arbeiten. Doorn spricht zynisch von »›Naturforschern‹, die in dem an der Peripherie der Stadt abgelagerten, miasmatischen Kehricht nach Schätzen herumwühlen: Knochen, Eisen, Konservenbüchsen und sonstigem ›Geschmeide‹.«[229]

Nicht zuletzt um derartige Vorgänge zu unterbinden, schlägt er eine völlige Verbrennung der auf rund 200.000 Tonnen geschätzten jährlichen Müllmenge Wiens vor, eine Methode, die – wie er betont – im Ausland bereits mit Erfolg angewandt wird und die nun endlich auch in Wien in die Tat umgesetzt werden müsse. Die Verbrennung sei nicht nur ein geeignetes Mittel, um die ständig von den Ablagerungsstätten ausgehende Gesundheitsgefahr hintan zu halten, sondern böte überdies auch die Möglichkeit der wirtschaftlichen Verwertung der übrigbleibenden Schlacke als Baumaterial. Auch eine Herstellung von »Müllbriketts« sei denkbar.[230]

Es sollten jedoch noch einige Jahre vergehen, ehe 1928 in Grinzing erste Versuche mit Abfallverbrennungsanlagen durchgeführt werden. Insgesamt vertraut man weiterhin auf Deponien und ihre sichere Lage am Rande der Stadt.[231] Erst als die Müllberge immer höher werden und die Wohnbevölkerung immer näher rückt, löst man die alten Ablagerungsstätten auf. An manchen dieser Orte findet eine regelrechte Geruchsumwandlung statt. Sie werden mit Erde zugeschüttet und zu Parkanlagen umgestaltet (1928 Kongreßpark, 1961 Donaupark). Der erholsame Duft der Bäume und Sträucher läßt den einst dort vorherrschenden Gestank des Abfalls zunehmend in Vergessenheit geraten.[232]

»Miststierlerinnen« in einer Deponie am Stadtrand.

Beseitigung der Verunreinigungen aus Gewerbe und Industrie

Gewerbe- und Industriebetriebe wirken sich im 19. Jahrhundert in zweifacher Weise auf die Stadtluft aus. Zum einen verunreinigen die beim Produktionsvorgang anfallenden Abwässer und Abfälle den Boden bzw. das Wasser und tragen so in nicht unbeträchtlichem Ausmaß zur Entstehung der gefürchteten fauligen Miasmen bei. Ein Umstand, der sich vor allem am Wienfluß bemerkbar macht, an dessen Ufer sich viele Betriebe wegen der für die Produktion notwendigen Wasserkraft angesiedelt haben. Zum anderen geben die Betriebe aber auch gasförmige Stoffe direkt an die Luft ab. Es ist jedoch davon auszugehen, daß nicht alle dieser Luftemissionen als Bedrohung und Gefährdung der Gesundheit angesehen werden. Im folgenden sei daher in erster Linie auf jene Branchen Bezug genommen, deren Warenproduktion üble und stinkende Ausdünstungen zur Folge hat. Ihre Beseitigung wird bereits Ende des 18. Jahrhunderts von vielen Ärzten gefordert.[233]

Das Verweisen der übelriechenden Betriebe an den Rand der Stadt

»Solche Fabriken, Werkstätten und Kaufläden, deren Producte und Waaren schädliche, faule oder metallisch gifte Dünste verbreiten, zum Beispiel Häuser, in welchen die Seidenwürmer-Zucht im Großen getrieben wird, Salpeter-, Vitriol- und Alaunsiedereyen, Schlachthöfe, die Werkstätte der Gerber, Seifensieder, Lichtzieher, Leimsieder, Färber, Stärkemacher, Darmsaitenspinner, Käse-, Stockfisch- und Heringsbuden, u.s.w. muß man im Innern einer Stadt nicht dulden, sondern ihnen einen Platz an luftigen Gegenden außer den Ringmauern anweisen. Auch sollte nicht gelitten werden, daß Handwerker und Künstler, welche mit Blei, Quecksilber oder Arsenik umgehen, ihre Arbeiten mit Kohlenfeuer auf freier Straße verrichten.

[...] Die Anger der Abdecker müssen so weit als möglich von den Städten entfernt und dem öffentlichen Anblick entzogen werden.«[234]

Diese Auflistung Hebenstreits aus dem Jahre 1791, die sich durchaus mit der etwas späteren Einschätzung Mühlibachs und anderer Wiener Ärzte deckt, gibt einen ersten Überblick über jene Gewerbe, deren »Luftverpestung«[235] in der Stadt zunehmend untragbar wird. Es handelt sich dabei in erster Linie um chemische oder organische Stoffe verarbeitende Betriebe, die infolge ihres hohen Wasserbedarfes an den mitten durch die Stadt fließenden Gewässern liegen.

Werner Michael Schwarz weist darauf hin, daß die öffentlichen Sanktionen gegen umweltverschmutzende Gewerbebetriebe vorerst jedoch äußerst gering bleiben. Von den zwischen 1795 und 1813 erlassenen Sanitätsverordnungen beziehen sich nur zwei auf Gewerbebetriebe: Verboten wird lediglich das Ausgießen von Blutwasser bei den Fleischbänken sowie das Schwemmen geschlachteter Pferde und Schweine im Wienfluß. Eine Erklärung dafür sieht Schwarz in der seit dem aufgeklärten Absolutismus betriebenen Bevölkerungs- und Wirtschaftspolitik, deren ökonomische Ziele der Staat durch Einschränkungen bei Gewerbe- und Industriebetrieben nicht gefährdet wissen will. So muß das 1802 von Franz II. erlassene Ansiedlungsverbot von neuen Fabriken, entstanden nicht zuletzt aus Angst vor einer revolutionären Bewegung nach französischem Vorbild, bereits sieben Jahre später wieder zurückgenommen werden.[236]

Dies kommt den Auffassungen des liberalen Bürgertums entgegen, das sich vehement für eine uneingeschränkte Gewerbefreiheit einsetzt, eine Forderung der dann auch 1859 mit der Verabschiedung einer neuen Gewerbeordnung entsprochen wird. In ihr ist das grundsätzliche Recht auf freie Ausübung eines Gewerbes verankert, besondere Genehmigungsverfahren in Hinblick auf zu befürchtende gesundheitsschädliche Einflüsse sind – ähnlich den in Preußen erlassenen Gesetzen[237] – nur für einige Branchen vorgesehen, in erster Linie für jene Betriebe, die organische Stoffe verwerten oder mit gefährlichen Substanzen arbeiten und damit wesentlich zur Geruchsbelästigung in der Stadt beitragen: Abdeckereien, Betriebe zur Herstellung von Feuerwerkskörpern und Zündwaren, Anlagen künstlicher Dungfabriken, Talgschmelzereien, Kerzengießereien, Seifensiedereien, Leimsiedereien, Firnissiedereien, Blutlaugensiedereien, Knochensiedereien, Knochenbleichen, Knochenstampfen und -mühlen, Knochenbrennereien, Wachstuchmanufakturen, Schnellbleichen, Flachs- und Hanfröstanstalten, Darmsaitenmanufakturen, Arsenikhütten, Salzsäurefabriken, Salpeterfabriken, Schwefelsäurefabriken, Salmiakfabriken, Koksbereitungsanstalten, Steinkohlenteeranstalten, Holzteeranstalten, Kalk-, Gips- und Rußbrennereien, Leuchtgasfabriken, Glashütten, Spiegel-Amalgamierwerke, Ziegelbrennereien, Tonwarenbrennereien, Zuckersiedereien, Ölfabriken, Gerbereien, Schlachthäuser, Flecksiedereien, Hütten- und Hammerwerke.[238]

Behördliche Maßnahmen sind somit nur gegen jene Gewerbe durchzusetzen, die einen derartig bestialischen Gestank verbreiten, der gemäß der herrschenden Miasmentheorie unzweifelbar als gesundheitsschädlich gilt. Damit können auch etwaige volkswirtschaftliche Einbußen dieser meist kleinen Betriebe so gering wie möglich gehalten werden. Die in den folgenden Jahren erlassenen Novellierungen der Gewerbeordnung bestätigen die bisherige selektive Vorgangsweise der Behörden. Zu sehr ist das Bürgertum dem Glauben an wirtschaftlichen Fortschritt verhaftet, als daß es generelle Maßnahmen gegen die von Gewerbe- und Industriebetrieben ausgehenden Geruchsbelästigungen befürworten würde. Die Strategie ist eindeutig: Das Dilemma zwischen dem Anspruch auf Reinhaltung der Luft und jenem nach Förderung der Wirtschaft wurde gelöst,»indem man einzelne Berufssparten, die sich durch besondere Geruchsentwicklung kennzeichneten und dadurch einer besonderen Schädlichkeit verdächtigt wurden, herausgriff und sie die volle Aufmerksamkeit sanitätspolizeilicher Wahrnehmung spüren ließ. Dieses Prinzip sollte das ganze Jahrhundert über maßgeblich bleiben, obwohl sich die wissenschaftlichen Auffassungen von der Schädlichkeit der emittierten Stoffe beträchtlich ändern sollten.«[239]

In den Berichten des Wiener Stadtphysikats, das für die sanitätspolizeiliche Kontrolle und behördliche Genehmigung der Betriebe zuständig ist, finden sich denn auch unzählige Male Einschreitungen gegen Geruchsbelästigungen von Hornknopferzeugern, Darmwäschereien, Spodiumsfabriken (Verkohlen von Knochen), Knochen- und Seifensiedereien oder Gerbern. Sie alle dürfen nur unter strengsten baulichen und technischen Auflagen weiterproduzieren. Meist wird eine Erhöhung des Rauchfanges bis über den First der umliegenden Häuser angeordnet, in den sämtliche übelriechenden Dämpfe abzuleiten sind. Die in Wien traditionell stark vertretenen Klein- und Mittelbetriebe in den Hinterhöfen der ehemaligen Vorstadtgebäude erhalten – falls sie zu geruchsintensiv produzierten – vielfach keine Betriebsgenehmigung mehr. So untersagt das Stadtphysikat 1880 die neuerliche Errichtung einer Seifensiederei in der Burggasse,

>»weil die Bewohner der den engen Hof einschliessenden, neben und gegenüber dem Arbeitslocale gelegenen Localitäten durch die sich entwickelnden Dämpfe belästigt und somit jene Klagen wieder laut werden würden, die so oft bei dem früheren Betriebe in Folge der erwähnten Localverhältnisse mit Recht erhoben wurden.«[240]

Derartige gestanksintensive Gewerbe werden sukzessive aus der Stadt verdrängt. Neue Betriebe läßt man nur noch in wenig verbauten Gebieten zu. Eine Tranksiederei außerhalb der Matzleinsdorfer Linie wird vom Stadtphysikat 1871 als »ein Unicum in nächster Nähe einer Residenzstadt« bezeichnet. Und die letzte Wiener Spodiumsfabrik am Laaerberg darf nur so lange weiterproduzieren, bis die angrenzenden Äcker verbaut sind.[241]

Manchmal ist jedoch, selbst nach Absiedelung des Betriebs, die Gestanksbelästigung in der Stadt noch lange nicht vorbei. 1874 heißt es etwa in einem Bericht des Stadtphysikats:

>»Die Aushebung des Erdreiches auf einer Baustelle, wo eine solche Gerberei bestanden, zeigte wieder recht deutlich, in welch hohem Grade das Erdreich durch den Betrieb von Gerbereien mit faulenden animalischen Substanzen imprägnirt wird, indem das ausgehobene Erdreich einen solchen üblen Geruch verbreitete, dass nur durch Desinfection desselben und schnelle Abfuhr auf den städtischen Unrathsableerungsplatz den gerechten Beschwerden der Umgebung Rechnung getragen werden konnte.«[242]

Das besondere Interesse der Hygieniker gilt den Betrieben am Ufer des Wienflusses, wo die Gestanksverhältnisse schon lange das Ausmaß der Erträglichkeit überschreiten. Josef Novak, Schüler Pettenkofers und erster Inhaber eines Lehrstuhles für Hygiene an der Wiener Universität, untersucht im Juni 1882 die sanitären Verhältnisse des Flusses anhand von fünf Wasserproben, die er vom Eintritt

Der bestialische Gestank der Gerbereien verschwindet allmählich aus der Stadt: Gerber, um 1840.

in das Weichbild der Stadt bis hin zur Mündung in den Donaukanal entnimmt. Die Ergebnisse sind erschreckend:

»Die erste Wasserprobe wurde in Purkersdorf in der Nähe des Bahnhofs geschöpft, die zweite in Weidlingau, die dritte unterhalb Purkersdorf, die vierte in Penzing unter der Brücke und die fünfte unmittelbar vor der Radetzkybrücke.
Die ersten drei Wasserproben waren klar und farblos, vollkommen durchsichtig, frei von jedem unangenehmen Geruch und Geschmack. [...]
Das Penzinger Wasser zeigte ein ekelerregendes Aussehen, eine dunkelgelbe Farbe, einen fauligen Geruch und setzte beim längeren Stehen einen theils schwarzen, schlammartigen, theils pulverigen Bodensatz ab. [...]
Die grösste Verunreinigung zeigte das Wasser unter der Radetzkybrücke. Man findet hier eine schwarze, jauchige Lacke, deren Verdunstung die beiden Ufer verpestet. Massenhaft bildet sich fortwährend Schlamm, der in Fäulnis übergeht und an vielen Stellen grosse Blasen entwickelt, bei deren Aufsteigen Schlamm an die Oberfläche gelangt.
Das Gas einer solchen Blase besteht hauptsächlich aus Sumpfgas, Kohlensäure und aus geringen Mengen von Schwefelwasserstoff und anderen Gasen.«[243]

Damit ist wissenschaftlich nachgewiesen, daß die Verunreinigung des zunächst durchaus reinen Wienflusses erst bei Purkersdorf beginnt und sich von da an, je weiter der Fluß durch die Stadt fließt, in höchstem Grade verschlechtert. Die vielen kleinen Gerbereien, Färbereien, Druckereien und Brauhäuser am Ufer des Wienflusses müssen in der Folge entweder ihren Betrieb völlig einstellen oder in die Vororte ausweichen.

Neben all diesen behördlichen Maßnahmen sind die Gewerbebetriebe aber auch dem Druck der technisch-industriellen Entwicklung ausgesetzt, der in vielen Fällen zu einer entscheidenden Umstrukturierung des Produktionsvorganges und damit zu einer Verschiebung des Emissionsspektrums führt. Als ein Beispiel dafür sei die Seifen- und Kerzenerzeugung angeführt, die bis Mitte des 19. Jahrhundert überwiegend kleingewerblich erfolgt. Sie wird durch bahnbrechende Erfindungen (die Stearin- bzw. Paraffinkerze und die Anwendung künstlichen Sodas für die Seifenerzeugung) grundlegend verändert und fortan industriell hergestellt (1839 Gründung der »Apollo-Kerzen- und Seifenfabrik« am Schottenfeld).[244]

Gegen die als besonders unangenehm erachteten Gerüche kommt den städtischen Behörden auch die allgemeine ökonomische Entwicklung zu Hilfe, die besonders nach dem Börsenkrach von 1873 und der darauffolgenden Rezession das Ende vieler kleiner Gewerbebetriebe bedeutet. So löst sich das Problem der alten »stinkenden Gewerbe« allmählich von selbst.

Die in Wien zunächst nur zögernd und erst ab den sechziger Jahren zahlreicher errichteten größeren Industriebetriebe sind mit dem Problem der Geruchsbelästigung nur wenig konfrontiert. Sie entstehen meist außerhalb des geschlossenen Wohngebietes um die noch unverbauten Bahnhöfe, wo neben geringen Transportkosten auch mit billigeren Arbeitskräften und Bodenpreisen zu rechnen ist. Beschwerden der Anrainer über stinkende Emissionen sind hier (noch) nicht zu befürchten.

Die Anzahl der Großfabriken ist bescheiden: 1890 gibt es lediglich sechs Fabriken mit mehr als tausend Beschäftigten, 1913 sind es 29 (davon 15 in der Maschinen- und Elektroindustrie).[245] Größere Betriebe der nahrungsmittelerzeugenden und -verarbeitenden Industrie, die zumindest lokale Geruchsbelästigungen erwarten lassen, sind überhaupt erst Ende des 19. Jahrhunderts im Entstehen: »Ottakringer Brauerei« (1890 erweitert und neu errichtet), Süßwarenfabrik »Manner« in Hernals (gegr. 1890), Brotfabrik »Anker« in Favoriten (gegr. 1891), Kaffeefabrik »Meinl« in Ottakring (gegr. 1912).

Die zunehmende Zahl der Fabriksgründungen lenkt jedoch die Aufmerksamkeit der Bevölkerung, aber auch der Hygieniker auf eine neue Beeinträchtigung der Luft: den durch die Dampfmaschinen erzeugten Rauch. Sind die im Zusammenhang mit der Herstellung eines speziellen Produktes entstehenden gewerblichen Geruchsbelästigungen meist noch lokal begrenzt und bisher vor allem entlang der Flüsse aufgetreten, so verbreitet sich der Rauch allmählich über die ganze Stadt.

Die Diskussion um die »Rauchfrage«

Die Einführung der Dampfmaschine und der Übergang zur Kohlewirtschaft führen ab der ersten Hälfte des 19. Jahrhunderts zu einer grundlegenden Änderung der Luftsituation in den Städten. Im Unterschied zum bis dahin vorherrschenden Brennstoff Holz erzeugt die Kohle bei ihrer Verbrennung weitaus mehr schädliche gasförmige Stoffe, und sie wird auch in bedeutend größeren Mengen verfeuert. Mit dem Betrieb einer Dampfmaschine wird die Standortgebundenheit der früheren Fabriken an die Wasserläufe beendet. Sie können nun überall – und damit auch in den Städten – in großer Zahl errichtet werden.

Bereits sehr früh entbrennt eine Diskussion über die Vor- und Nachteile der neuen gewerblich-industriellen Produktionsweise mittels Steinkohle. Die Meinungen hinsichtlich einer Gesundheitsgefährdung durch nun überall wahrzunehmenden Rauchgeruch sind geteilt. Franz-Joseph Brüggemeier, der die Geschichte der Luftverschmutzung in Preußen untersuchte, weist darauf hin, daß manche im Rauch von Steinkohle einen Schutz gegen epidemische und ansteckende Krankheiten sehen. Der menschliche Körper werde durch den Rauch zwar gereizt, dadurch jedoch gewissermaßen abgehärtet und somit gegen weitere Erkrankungen geschützt. Die Gegner des Rauches halten dem entgegen, daß die menschliche Gesundheit aus einem Gleichgewichtszustand in der Auseinandersetzung mit der Außenwelt resultiere. Es sei deshalb lebenswichtig, dieses Gleichgewicht nicht zu gefährden und zusätzliche Belastungen, wie etwa durch Kohlerauch, zu vermeiden.[246]

Obwohl die Verteidiger des Rauches auch auf die seit den Zeiten der Pest von Ärzten immer wieder proklamierte desinfizierende Wirkung des Rauches verweisen, können beide Lager die positiven bzw. negativen Auswirkungen auf die menschliche Gesundheit letztlich nicht nachweisen. Dies kommt dem auf Förderung der Industrie bedachten Staat nur entgegen, der sich damit nicht veranlaßt sieht, gesetzliche Beschränkungen für die Emission von Rauchgasen zu erlassen. Eingeschritten wird nur dort, wo Anrainer von rauchausstoßenden Betrieben eine Gesundheitsgefährdung und Belästigung konkret nachweisen können. Diese industriefreundliche Auffassung der Behörden bleibt das ganze 19. Jahrhundert hindurch bestimmend. Der deutsche Regierungs- und Medizinalrat Louis Pappenheim bringt die Situation 1864 auf den Punkt: Für den Staat gelte es abzuwägen, wieviel Eingriff »eine ernste Gefahr für die öffentliche Oekonomie« und wie wenig »eine ebensolche für die öffentliche Gesundheit« bedeuten könne.[247] In Preußen wie in Österreich entscheidet sich der Staat eindeutig für die Ökonomie.

Der in der Stadtluft immer deutlicher hervortretende Geruch nach Rauch erscheint vielen Bewohnern als unvermeidbare Begleiterscheinung des wirtschaftlichen Fortschritts. Die Geruchsorgane der Städter stumpfen allmählich ab, nehmen den Rauch gerade noch bei unmittelbarer Nähe der Emissionsquelle oder bei extremen Witterungsbedingungen als Belästigung wahr. Der schon mehrmals zitierte Ingenieur Elim Henri d'Avigdor schildert 1874 die Situation in Wien:

> »Ueber die ganze dicht bebaute und gedrängte Fläche Wiens dehnt sich eine Decke von Dünsten aus, welche nur bei starkem Winde vollkommen verschwindet, sonst aber dem Auge deutlich bemerkbar ist, wenn der Zuschauer sich auf einer benachbarten Anhöhe oder einem Thurme befindet. Diese Decke besteht zum grossen Theil aus Rauch, ist aber mit den Ausdünstungen aller Wohnungen, Fabriken und Canäle geschwängert; sie findet sich bei jeder grösseren Stadt ein und ist bis zu einem gewissen Grade unvermeidlich, [...].«[248]

Erst gegen Ende des 19. Jahrhunderts werden jene Stimmen lauter, die vor umfassenden gesundheitlichen Beeinträchtigungen durch den Rauch warnen. Der Rauch habe, so erklärt Josef Novak in einem ausführlichen öffentlichen Vortrag 1881, »eine hervorragende gesundheitliche Bedeutung, da er nur allzuhäufig die Ursache mannigfacher Gefährdung und Belästigung ist.«[249] Den Gegnern dieser Anschauung hält er entgegen:

> »Sehr häufig wird die Ansicht ausgesprochen, dass der Rauch wohl etwas Lästiges, Unangenehmes, Beschwerliches, nicht aber als etwas Ungesundes zu betrachten sei. Ja, man ist in früherer Zeit noch weiter gegangen und hat nachzuweisen versucht, dass der Rauch für grosse, volkreiche Städte geradezu heilsam wäre, indem er zerstörend auf die

Contagien und Miasmen wirke, welche sich aus Cloaken, Senkgruben, Canälen, Abfallstoffen und Schmutzwasser entwickeln. Heute, wo man ganz andere Anschauungen über die Infection und Desinfection hat, weiss man, dass diese Meinung eine irrige war. Wenn man die Beschaffenheit des Rauches in Betracht zieht, so unterliegt es keinem Zweifel, dass Kohlendunst nicht nur lästig, sondern auch gesundheitsschädlich ist. Schon der Volksmund spricht von einem Kohlengift.«[250]

Für die Hygieniker steht die Gesundheitsschädlichkeit des Rauches nun außer Zweifel. Sie haben die Bestandteile des Rauches eingehend analysiert. Neben der schwefeligen Säure, der Kohlensäure, dem Wasserstoff und anderen empyreumatischen Substanzen ist es vor allem das Kohlenoxyd (»Kohlendunst«), das sich letal auf den Menschen auswirken kann:

»Das Auftreten von Kohlendunst verdient demnach umso mehr die Aufmerksamkeit aller betheiligten Kreise, als die Einwirkung des Kohlendunstes nicht nur todtbringend ist, sondern selbst in dem Falle, als es gelingt, den Vergifteten am Leben zu erhalten, häufig schwere Nachkrankheiten und sogar Blödsinn zur Folge hat.«[251]

Und auch die Verursacher der übermäßigen Rauchentwicklung sind für Novak nicht schwer zu benennen. Neben den Haushalten sei es vor allem die Industrie mit ihren Kesselfeuerungen, die sich in den Städten und auf dem Lande immer mehr ausbreite und deren Abgase sogar die Vegetation in hohem Grade schädige.[252]
Angesichts dieser dramatischen Erkenntnisse gehen einige Städte zu Beginn des 20. Jahrhunderts dazu über, behördliche Rauchinspektionen einzuführen. Erste hygienisch begründete Eingriffe in die Eigentumssphäre der Unternehmer zeichnen sich ab. So geben 1906 in München drei technische Beamte und ihre beiden Gehilfen, die aus einem Turmzimmer mit Telefonanschluß den Himmel nach undurchsichtigem Rauch absuchen, den Besitzern von Fabriken mit Schornsteinen das unangenehme »Gefühl, dauernd überwacht zu sein«. Die äußerst exakten Rauchbeobachtungen werden regelmäßig in vorgedruckte Meßprotokolle eingetragen. Der vorformulierte Text des Beanstandungsschreibens (»Wir geben Ihnen anheim, zur Abstellung

der starken Rauchentwicklung die geeigneten Maßnahmen treffen zu wollen.«) drückt allerdings die nach wie vor recht vorsichtige und zurückhaltende Vorgangsweise der Behörden aus.[253]

Das Emporwachsen der Schlote

Aufgrund der in Wien – im Vergleich mit London oder Berlin – relativ spät einsetzenden industriellen Entwicklung beginnt sich die Anwendung der Dampfkraft erst ab Ende der 1830er Jahre zu verbreiten. Die Errichtung von Eisenbahnlinien behebt allmählich den verkehrsgeographisch bedingten Standortnachteil Wiens, Kohle kann nun auf relativ billigem Weg in die Großstadt transportiert werden. 1841 ist die Anzahl der betriebenen Dampfmaschinen mit 38 Stück noch relativ bescheiden. Erst der Wirtschaftsaufschwung in den sechziger Jahren bedingt einen raschen Anstieg auf 719 Dampfmaschinen im Jahr 1875. Diese Zahl bleibt aufgrund der einsetzenden Rezession die folgenden Jahre über annähernd konstant, wenngleich sich auch die Leistung der Maschinen bedeutend vergrößert.[254]

Der Höhepunkt des Einsatzes von Dampfmaschinen ist demnach in den sechziger und siebziger Jahren zu verzeichnen. Ihr Betrieb bedarf seit der Gewerbeordnung von 1859 einer besonderen Genehmigung, die jedoch vom Stadtphysikat nur dann erteilt wird, wenn die Dampfkesselrauchfänge so gebaut sind, »daß die Nachbarschaft durch dieselben nicht belästiget wird.«[255] Trotz dieser nur sehr vagen Formulierung muß das Stadtphysikat unzählige Male wegen Beschwerden von Anrainern einschreiten. Der aus den Dampfmaschinen und anderen Verbrennungsprozessen der produzierenden Gewerbe resultierende beißende Geruch nach Steinkohle ist bald im ganzen dichtverbauten Stadtgebiet wahrnehmbar, die mit dem Rauch ausgestoßenen Ruß- und Staubpartikel überziehen die Dächer, Bäume und Straßen der Stadt. Alljährlich wird, so meldet das Stadtphysikat, »eine nicht unbedeutende Zahl von Anzeigen über Rauchbelästigung durch den Betrieb von Dampfmaschinen, sowie verschiedener Gewerbe gemacht, und die nothwendigen Mittel zur Beseitigung der Belästigung angeordnet.«[256] Die am häufigsten verordnete

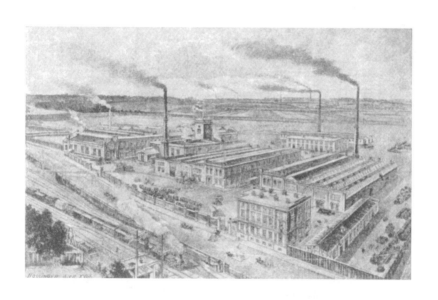

Kabelfabrik Felten & Guilleaume in Favoriten, um 1900.

Maßnahme ist die schon bekannte Erhöhung des Rauchfangs über den First der angrenzenden Häuser. 1880 heißt es beispielsweise:

>»Bei wiederholten Localkommissionen wegen Aufstellung einer Dampfmaschine in Nr. 10 Klagbaumgasse, IV. Bezirk, behufs Betriebes einer Clavierfabrik wurde auf die Nichtbewilligung eingerathen, wenn nicht ein genügend hoher Dampfrauchfang erbaut [...] wird, [...] da der zur Ableitung des Rauches in Aussicht genommene Rauchfang des nur ein Stockwerk hohen Hauses den Rauch der Dampfkesselfeuerung, der sich noch dazu an der Feuermauer des nächst gelegenen drei Stockwerke hohen Hauses bricht, nicht nur in die Wohnungen der umliegenden Häuser eindringen lässt, sondern auch den in nächster Nähe liegenden öffentlichen Park insolange dem Publicum ungeniessbar macht, als die Dampfmaschine in Activität ist, besonders da die herrschende Windrichtung gerade gegen den Park zu geht.«[257]

Zwar droht das Stadtphysikat den Betrieben bei Nichterfüllung der Vorschriften des öfteren mit Schließung, konkrete Hinweise auf Betriebssperren lassen sich jedoch in den Jahresberichten nicht auffinden. Da die Erhöhung des Rauchfangs auch für Klein- und Mittelbetriebe mit relativ geringem finanziellem Aufwand möglich ist, wird sie – wenn auch oft erst nach mehrmaliger Urgenz – in den meisten Fällen auch durchgeführt.

Gleiches trifft auf die Großbetriebe zu, die ebenfalls eine – finanziell verkraftbare – Erhöhung ihrer Schornsteine vorgeschrieben bekommen. Welches Ausmaß diese Erhöhung anzunehmen habe, wird auch von der neuen, 1883 erlassenen Bauordnung nicht genau festgelegt: Die Höhe der Schlote sei von der Baubehörde nach den Lokalverhältnissen zu bestimmen. Die gesamte Anlage müsse lediglich so konstruiert sein, daß eine eventuelle künftige Erhöhung auf mindestens 35 Meter möglich sei.[258]

Damit ist die maßgebliche Strategie der Rauchbekämpfung für die Zukunft vorgegeben. Die emporwachsenden Schlote haben den Rauch in immer höhere Luftschichten zu führen, wodurch er beim Herabfallen verdünnt und damit weniger wahrnehmbar werden soll. Gleichzeitig wächst mit der Höhe des Schornsteins auch dessen Zugkraft, was eine bessere Verbrennung und damit eine Verminderung des besonders unangenehmen Rußanteiles im Rauch zur Folge hat.

Hochaufragende Schlote kennzeichnen künftig schon von weitem die industriellen Zentren Wiens, wie beispielsweise das zur Brigittenau gehörige Stadtviertel Zwischenbrücken: »Am Rande gegen den Donaustrom hin, in Zwischenbrücken, reiht sich ein größerer Fabriksbau an den andern und mächtige Schlote wetteifern an Höhe.«[259]

Wie groß das Vertrauen in die Wirksamkeit dieser Maßnahme ist, belegt ein 1881 von Josef Novak zitierter Vorschlag zur Behebung sämtlicher Rauchprobleme in der Stadt: In bestimmter Entfernung voneinander sollen hundert bis zweihundert Meter hohe Essen errichtet werden, in welche die Kamine sämtlicher Häuser und Gewerbebetriebe einmünden. Novak fügt jedoch sogleich hinzu, daß dies nur unter ganz besonderen Verhältnissen realisierbar sein dürfte.[260]

Gelingt es der Stadtverwaltung, die großen Fabriken, die sich sowieso meist am Rande der Stadt befinden, außerhalb der vorherrschenden Windrichtung anzusiedeln (also im Norden, Osten und Süden Wiens),[261] so hofft man damit, das Problem der Rauchbelästigung doch einigermaßen in den Griff zu bekommen.

Wie sehr qualmende Industrieanlagen und rauchende Schlote zum Inbegriff der wirtschaftlichen Prosperität und des gesellschaftlichen Fortschritts geworden sind, zeigt sich am Beispiel des Wiener Großindustriellen Georg Günther. Er wird 1895 zum Direktor eines Eisenhüttenwerkes in Oberschlesien ernannt, wohin er auch gemeinsam mit seiner jungen Ehefrau übersiedelt. Über die positive Einstellung seiner Gattin zu den riesigen, Unmengen von Rauch und Gasen erzeugenden Werksanlagen schreibt er in seinen »Lebenserinnerungen« voll Bewunderung:

> »Wenn sie vom Fenster aus, zum Greifen nahe, die Hochofenanlage betrachten konnte, wenn die Düfte von Teer, Ammoniak, Benzol und anderen Gasen sich einschmeichelnd um sie verbreiteten, die Werklokomotiven, schwarze Rauchwolken ausstoßend, Tag und Nacht am Hause vorüberpusteten oder gar das dröhnende Sausen der umzustellenden Winderhitzer in halbstündigen oder noch kürzeren Intervallen ertönte, so nahmen ihre Nase, Aug' und Ohr diese Sinneseinwirkungen nur mit höchstem Interesse, ja Gefallen auf, zumindest erklärte sie den Benzol- und Teergeruch für besser als alle Fabrikate von Johann Maria Farina (berühmter Hersteller von »Kölnisch Wasser«; Anm. P.P.).«[262]

Rauchende Schlote als Wahrzeichen des Industriebezirks Favoriten, 1928.

Und über die schwefelige Säure, die – trotz der hohen Kamine – manchmal mit dem Regen niedergeht und einen Streifen der Zerstörung in der Landschaft hinterläßt, heißt es:

>»›Gott‹, sagte sie, ›das ist ja nicht gerade schön, aber wenn es die Folge ist von all dem Segen, den hier die Erde dem Menschen spendet, dann muß man es eben mit in Kauf nehmen.‹ Diese Haltung meiner jungen Gattin machte mich in höchstem Grade darüber stolz, daß gerade mir eine solche Lebensgefährtin beschieden war.«[263]

Es sind insbesondere die rauchenden Schlote, die zum beeindruckenden Sinnbild industrieller Produktion, zum uneingeschränkt positiven Zeichen für wirtschaftliches Selbstbewußtsein werden. Dieser Mythos beherrscht nicht nur die Unternehmer, sondern alle sozialen Klassen und politischen Parteien.[264] Rauch zu produzieren, gleicht einem sakralen Akt, wie Joseph Roth bemerkt: »Indem man ihn erzeugt, betet man ihn an. Man erzeugt ihn mit einem Fleiß, der mehr ist als Andacht. Man ist von ihm erfüllt.«[265]

Erst in den achtziger Jahren des 20. Jahrhunderts sollte dieses mittlerweile »unüberriechbare« Zeichen als Gefahr für Gesundheit und Umwelt uminterpretiert und die Schädlichkeit der aus den Schornsteinen strömenden Rauchgase in den Vordergrund gestellt werden.

Der Einbau von »rauchverzehrenden Apparaten«

Vom unbeirrten Glauben an die technische Lösbarkeit des Rauchproblems zeugen auch die Bemühungen um die Konstruktion von sogenannten »rauchverzehrenden Apparaten«. Im letzten Drittel des 19. Jahrhunderts wird eine Reihe derartiger Geräte entwickelt, die – mehr oder weniger wirkungsvoll – den Rauch von seinen schädlichen Bestandteilen und üblen Gerüchen befreien sollen.

Josef Novak weist 1881 auf den vom hygienischen Standpunkt aus überaus notwendigen Einbau dieser »rauchverzehrenden Apparate« in den Betrieben hin: »Vom sanitären Standpunkte sollten erprobte rauchverzehrende Einrichtungen überall dort, wo Rauchbelästigung besteht oder zu befürchten ist, insbesondere bei allen grösseren Feuerungsanlagen, gefordert werden.«[266]

Das Stadtphysikat empfiehlt die Aufstellung derartiger Apparate und schreibt sie – allerdings nur in wenigen Fällen – den Betrieben auch vor. Von einer obligatorischen Anwendung der Geräte in allen rauchausstoßenden Betrieben sieht man vorerst jedoch ab, obwohl dies bereits von einigen Ärzten dringend gefordert wird, die darin eine der wenigen wirklich effizienten Maßnahmen zur Lösung der Rauchplage sehen.[267] Von den geruchshemmenden Vorzügen der modernen Technik, so hoffen Sanitätsbehörden und Politiker, seien die Unternehmer auch ohne Zwang zu überzeugen.

Diese Erwartungen erweisen sich jedoch bald als Irrtum. Das Stadtphysikat muß feststellen, daß viele Unternehmer an einer vollständigen Verbrennung ihrer Steinkohle gar nicht interessiert sind, wodurch unnötige Mengen gesundheitsschädlichen Rauches an die Umwelt abgegeben werden. Als vorbildhaft wird eine Blutkohlen- und Albuminfabrik bezeichnet, welche die bei der Verkohlung entstehenden Gase in die Verbrennung zurückleite und damit nicht nur Brennmaterial spare, sondern auch eine deutliche Geruchsminderung des Rauches erzielen könne.[268]

Wenn auch in der Folge der hier behauptete ökonomische Vorteil der Brennstoffersparnis umstritten ist, die zumindest teilweise erreichte geruchliche Verbesserung des Rauchgases scheint eindeutig gewesen zu sein. Die rasanten technischen Verbesserungen auf diesem Gebiet verstärken die Hoffnung, bald völlig gestanksfreien Rauch erzeugen zu können. Stellvertretend für die Vielzahl der entwickelten »rauchverzehrenden Apparate«[269] sei »Elliot's Rauchvertilger« näher beschrieben, der im Frühjahr 1891 der Öffentlichkeit präsentiert wird:

> »Kaum ein Vierteljahr vergeht, ohne dass nicht der eine oder der andere Feuertechniker den schönen Traum einer vollständigen Rauchverzehrung in die Wirklichkeit umgesetzt haben will. Inzwischen qualmen die Schornsteine all der verschiedenen Fabriken ungestört weiter, so dass sie, zumal für Industriestädte, noch immer eine unerträgliche Plage sind. Nach einer Mittheilung des Patent- und technischen Bureaus von Richard Lüders in Görlitz sind nun vor wenigen Tagen in Gegenwart

Schornsteinaufsatz der Firma John »zur sicheren Beseitigung von Rauchbelästigung«, Werbeanzeige, 1906

von Interessenten mit »Elliot's Rauchvertilger« Versuche angestellt worden, die im höchsten Grade befriedigend ausfielen. Das Wesentliche dieser neuesten Erfindung besteht darin, dass der Rauch in irgend einem geeigneten Punkte des Zuges oder der Kaminröhre mittelst eines Ventilators abgesaugt und in einen geschlossenen Raum von wenigen Kubikfüssen getrieben wird, der bis zur Hälfte mit Wasser gefüllt ist. In dem Wasser ist ein Rührwerk in drehende Bewegung gesetzt, wodurch der Rauch, förmlich gewaschen wird, er wird dabei vollständig gereinigt und entweicht durch die Fortsetzung des Zuges aus dem Kamin als ein weisser Dunst oder Dampf. Bei diesen Versuchen wurde ein weisses Handtuch über den den Apparat verlassenden Rauch gehalten, ohne dass sich eine Beschmutzung des Handtuches zeigte und ohne dass der geringste Geruch vom Handtuch aufgenommen wurde.[270]

In der Folge zeigt sich, daß mit diesem und all den anderen hunderten Patenten, die eingereicht werden, eine vollständige rauch- und rußfreie Ableitung der bei der Verbrennung erzeugten Gase nicht zu erreichen ist. Sie sind durchwegs keine »Rauchverzehrer«, sondern« im besten Falle »Rauchverminderer«.[271]

Zur Reduzierung wenn auch nicht des Rauchausstoßes, so zumindest der Rauchbelästigung werden schließlich auch andere technische Vorrichtungen konstruiert. So werden beispielsweise bewegliche Schornsteinaufsätze entwickelt, die die Schlotöffnung vor heftigen Windströmungen schützen und so ein Herabsenken des Rauches auf die Stadt verhindern sollen. Damit sei, wie die in der Produktion dieser Schornsteinaufsätze führende Wiener Firma »J.A. John« versichert, »eine sichere Beseitigung von Rauchbelästigung« möglich.[272]

Eine wirkliche Senkung der Rauchbelastung gelingt gegen Ende des 19. Jahrhunderts allerdings mit der Erfindung eines ganz anderen »rauchvermindernden Apparates«: dem Elektromotor. Er stellt bald eine immer häufiger verwendete Alternative zur Dampfmaschine dar. Die »Comission der Jubiläums-Gewerbe-Ausstellung« in Wien hebt 1888 euphorisch die vielfältigen Vorteile des Elektromotors hervor, zu denen auch seine völlige Geruchlosigkeit gehört:

> »Wenn jeder kleine Gewerbetreibende einen geräusch-, geruch- und gefahrlosen Motor in seiner Behausung stehen haben kann und nur eines kleinen Druckes bedarf, um seine Arbeitsmaschine in Thätigkeit zu

setzen, dann ist eines der Ideale erfüllt, welche die auf die Verbesserung des Menschenloses hinzielenden Erfinder vor Augen haben.«[273]

Die Verwendung des Elektromotors setzt sich vor allem in den kleinen Gewerbe- und Handwerksbetrieben, für die der Einsatz einer Dampfmaschine von ihrer Mindestdimension her viel zu groß und daher nicht rentabel ist, rasch durch. Dies ist für Wien von besonderer Bedeutung, wird die Haupt- und Residenzstadt im 19. Jahrhundert doch nicht so sehr von Großindustrieanlagen geprägt als vielmehr von Luxusgüterproduktion und Kleingewerbe. 1902 werden bereits 3.793 Elektromotoren in Wien betrieben, 1913 sind schon 32.891 Stück im Einsatz.[274]

Eine neue Gefahr am Horizont: das Auto

An der Wende zum 20. Jahrhundert sind allmählich erste Erfolge der systematischen Desodorisierung des Stadtraumes wahrnehmbar. Wien ist in den vergangenen Jahrzehnten unter hygienischen Gesichtspunkten völlig neu gestaltet worden. Kanalisiert, gepflastert und aufgelockert, präsentiert es sich mit einem neuen Gesicht. Bis auf den Rauch ist ein Großteil der bedrohlichen Gestankserreger beseitigt, in hermetisch abgeschlossene unterirdische »Reservate« verbannt oder an den Stadtrand ausgelagert. Für viele Bewohner bedeutet dies eine spürbar bessere und gesündere Luft. Nun kann man bereits durch viele Straßen flanieren, ohne sofort vom Geruch nach Fäkalien, Müll oder Staub überwältigt zu werden. Doch gerade die sukzessive Pflasterung und Reinigung der Straßen sollte eine jener Vorbedingungen darstellen, die der Verbreitung eines neuen Gestankserregers Vorschub leistet: dem Auto. 1885 im wesentlichen technisch ausgereift, bemächtigt sich das Auto allmählich des Straßenraumes und wird nach dem Zweiten Weltkrieg zum größten Luftverunreiniger der Stadt. Aufwendig gereinigte öffentliche Räume (Ring, Gürtel, Wiental, Donaukanal) degenerieren erneut zu lästigen Zonen des Gestanks. Bis heute, wo der Geruch nach Autoabgasen zum markantesten »Duft« gehört, den die Stadt Wien ausströmt.

Ein früher Warner: Michael Freiherr von Pidoll

Der Besitz eines Autos ist zur Jahrhundertwende noch extremer Luxus. Nur wenige können sich die Anschaffung dieses neuen »Wunderfahrzeuges« leisten. Die ersten drei Besitzer von Benzinautos in der Monarchie kommen denn auch aus den Kreisen des Adels und des Großbürgertums: ein Graf, ein Textilindustrieller und ein Marinemaler. In Wien wird das erste Auto 1896 von einem k.k. Hofwagenfabrikanten erworben.[275]

Obwohl die Ausbreitung des motorisierten Individualverkehrs in Wien nur sehr zögernd vorangeht (1914 zählt man erst 3.310 Pkw, 548 Lkw und 748 Krafträder[276]), sind schon bald unliebsame Auswirkungen auf die Bevölkerung spürbar. Gegen den von den Autos verursachten Staub, Lärm und Gestank regt sich zunehmend Widerstand, der manchmal sogar zu tätlichen Angriffen auf die »Autler« führt. Der Abgeordnete Dr. Scheicher empört sich bereits 1907:

> »[...] man solle nur in die Herrengasse hinausschauen, hier könne man jede Stunde, ja jede halbe Stunde sehen, wenn so ein Stinkerl durchfahre, wie alle Bazillen, die im Staube seien, aufwirbeln. Ein Wiener Spaziergänger, der hinausgehe, um am Sonntag ein paar Stunden frische Luft zu atmen, bekomme sie in der ganzen Umgebung Wiens nicht mehr.«[277]

Ähnlich drastisch formuliert es einige Jahre später auch Michael Freiherr von Pidoll, einer der erbittertsten Gegner des immer dominanter werdenden Autoverkehrs. In seiner 1912 veröffentlichten Streitschrift *Der heutige Automobilismus*, die er als »Protest und Weckruf« vor den Gefahren des zunehmenden Autoverkehrs verstanden wissen will, warnt er unermüdlich vor den Gefahren dieses »drückenden Übels, das [...] sich in unserer gesellschaftlichen Ordnung immer mehr breit zu machen und wichtige Lebensinteressen der Gesamtheit zu gefährden droht.«[278]

Pidoll bezeichnet es als Illusion, daß sich die Bevölkerung an den Autoverkehr gewöhnen werde. Im Gegenteil, die Belästigung durch andauerndes Hupen, unerträglichen Lärm der Motoren und plötzliche Erschütterungen nehme derart überhand, daß man in der Stadt nun weder spazierengehen, geschweige denn ruhig wohnen könne. Die zulässige Höchstgeschwindigkeit von 15 km/h werde dauernd überschritten, Unfälle mit tödlichem Ausgang seien die Folge.[279] Besonders sensibel registriert Pidoll schließlich auch die zunehmende Beeinträchtigung der Wiener Luft:

> »Als letzte Glieder in der Reihe der Belästigungen und Störungen des großen Publikums seien erwähnt: Der durch die Automobile massenhaft aufgewirbelte Staub, welcher die stärker frequentierten Straßen der Stadt, sowie die Landstraßen und deren Nachbarschaft verwüstet und sie gerade in den herrlichsten Gegenden dem Nichtautomobilisten verleidet, die Verpestung der Luft durch den Gestank und Qualm der die große Mehrzahl aller Kraftfahrzeuge bildenden Benzinmotoren. Es ist eine insbesondere für den Großstädter qualvolle Zumutung, immer

Frische Luft für Fußgänger, 1904.

wieder den Gestank des verbrannten Benzins ertragen und die dadurch verdorbene Luft einatmen zu müssen. Die letztere erfüllt nicht nur die Straßen, sondern dringt auch in die Wohnungen, aus welchen sie nur schwer zu entfernen ist. An heißen, windstillen Tagen sind so die Straßen Wiens oft dauernd mit Stickluft erfüllt. Mit dem Benzingestank verbindet sich häufig ein abscheulicher, durch unzureichende Ölung des Motors erzeugter brenzlicher Geruch. Besonders hart getroffen werden durch diese Übel die zahlreichen Angestellten in Geschäftslokalen stärker frequentierter Straßen, namentlich im ersten Bezirke Wiens.«[280]

Pidoll beklagt die Untätigkeit der Stadtverwaltung, die es zulasse, daß sich der »Automobilismus« ungehindert ausbreite. Ist die geruchliche Belästigung zunächst nur auf einige wenige Hauptverkehrsstraßen beschränkt, so erfaßt sie allmählich immer weitere Bereiche der Stadt. Bald ist selbst die bisher ruhige und – auch für die Nase – erholsame Parkanlage des Praters davon betroffen:

»Seit dem Sommer 1910 ist der Wiener Prater auch für den Verkehr von Benzinautomobilen freigegeben. So dringt denn der Staub und Benzinqualm nun auch in die herrliche Prater-Hauptallee, die doch vor allem den Charakter eines Promenadenweges für das große Publikum besitzt, und in andere Partien dieser der Erholung und Erquickung der Bevölkerung gewidmeten Stätte der Natur.«[281]

Was den Benzingeruch betrifft, so machen sich manche Männer weniger um dessen Gesundheitsschädlichkeit Sorgen als vielmehr darüber, ob dieser auch einer Frau zumutbar ist, insbesondere dann, wenn sie – was zunächst allerdings noch selten vorkommt – als Lenkerin eines Autos in Erscheinung tritt. Die *Wiener Mode*, eine angesehene Wiener Modezeitung der Jahrhundertwende, repliziert auf derartige Vorstellungen: »Nun, ob der Benzingeruch für weibliche Nasen nicht ebenso erträglich ist wie das von den Pferden ausgehende Odeur, dürfte auch nicht in Frage gestellt sein.«[282]

Für die Benützer der damals meist offenen Wagen stellt der aufgewirbelte Staub die größte Beeinträchtigung dar. Schon beginnen die Ärzte mögliche gesundheitsschädliche Auswirkungen des Autofahrens zu untersuchen. In einer medizinischen Zeitschrift wird darauf hingewiesen, daß neben Staub und Rauch auch pflanzliche

Teile und kleine Insekten in die Luftwege der Automobilisten gelangen. Weniger widerstandsfähigen Personen müsse daher unbedingt die Benützung eines geschlossenen Wagens angeraten werden. Auf lange Sicht sei jedoch die Bekämpfung der Staubentwicklung durch entsprechende Anlage und Erhaltung der Straßen sowie die Beseitigung der schädlichen, vom Motor produzierten Gase von größter prophylaktischer Wichtigkeit.[283]

Automobilklubs setzen sich für die rasche Pflasterung der Straßen ein und forcieren sogar die Gründung einer eigenen »Österreichischen Gesellschaft zur Bekämpfung des Straßenstaubes«.[284] Zwar kann das Staubproblem in den nächsten Jahrzehnten weitgehend gelöst werden, die Beeinträchtigung der Luft durch die Benzin- und Dieselmotoren ist jedoch bis heute deutlich riechbar. Die Einführung des Autos bedeutet, wie bereits Pidoll 1912 vorausblickend erkennt, eine der nachhaltigsten Veränderungen, nicht nur für die Luftverhältnisse, sondern für die gesamte Lebensqualität in der Stadt:

> »Das Stadtbild von Wien – und nicht nur das von Wien – ist traurig verändert. Von allen Enden und Ecken sausen die huppenden, schnarrenden, Staub aufwirbelnden und qualmenden Automobilmaschinen daher. Dem bedauernswerten Städter wird jeder Spaziergang verleidet; [...] Welcher Gegensatz zwischen den prächtigen Palästen, den geschmackvollen Wohnungen, den glänzenden Auslagen der Kaufläden, vor welchen sich das Publikum drängt, und dem abscheulichen, jedes Behagen tötenden Gekreisch der Huppen, dem Gestank des Benzins und den anderen Emanationen des Automobilverkehrs!«[285]

Ausblick: Die Zunahme des Autoverkehrs und dessen Auswirkungen auf die Stadtluft

Wie erwähnt, beginnt sich das Auto in Wien nur relativ langsam durchzusetzen. Die Gründe dafür liegen nicht nur in den hohen Kosten für die Anschaffung und den Betrieb eines Autos, sondern auch in dem zunächst nur langsamen Aufbau einer entsprechenden Infrastruktur. Während 1929 in Wien auf 109 Personen ein Auto kommt, sind es in Belgrad 82 Personen, in Berlin 44 und in München bereits 39.[286]

Eine wesentliche Rolle spielen auch die 1913 erstmals eingehobene Automobilsteuer und die Tatsache, daß die sozialdemokratische Stadtregierung zur Bewältigung des Massenverkehrs zunächst nicht auf das Auto, sondern auf den Ausbau der öffentlichen Verkehrsmittel setzt (Wien besitzt immerhin das größte Straßenbahnnetz der Welt). Aufgrund der hohen Kosten melden viele Autobesitzer ihr Fahrzeug im Winter, wenn die Witterung ein Fahren sowieso nur beschränkt zuläßt, einfach ab und erst im folgenden Frühjahr wieder an.

Erst die Abschaffung der Kraftwagenabgabe 1933 bewirkt einen größeren Zuwachs der Kraftfahrzeuge. Die Anzahl der in Wien gemeldeten Autos (Pkw und Lkw) verdoppelt sich von rund 12.000 im Jahr 1927 auf 24.000 im Jahr 1938, wobei die größten Zuwachsraten bei den Personenkraftwagen zu verzeichnen sind.[287]

Bis zum Zweiten Weltkrieg sind zwar noch zahlreiche Pferdefuhrwerke unterwegs, die Straßen der Stadt werden nun allerdings für den Autoverkehr adaptiert. Die engen und winkeligen Gassen werden erweitert, begradigt und in zwei Fahrbahnhälften geteilt. Die Fußgänger, für den Autofahrer nur mehr eine – wie bereits Pidoll formulierte – »lästige Zutat der Straße«[288], haben auf der Fahrbahn nichts mehr verloren. Automobilklubs fordern energisch mehr Platz für die Autos: »Der Art und Weise, wie bei uns die Fahrbahn zum Gehweg gemacht, lesend und plaudernd in der Längsrichtung der Straßen spazieren gegangen wird, muß Einhalt geboten werden.«[289] Die ständig steigende Verkehrsdichte bedingt eine vollständige Neuordnung des Straßenraumes: 1926 werden Verkehrsampeln, 1927 der Kreisverkehr und 1929 Einbahnstraßen eingeführt.[290] Allmählich treten auch die ersten Parkplatzprobleme auf. Der »ruhende« Verkehr nimmt immer mehr Straßenfläche in Anspruch, die dem »fließenden« vorbehalten sein sollte.

Die Schadstoffemissionen der Fahrzeuge kümmern zunächst nur wenige. Lediglich die altbekannte Staubplage, die sich mit dem Aufkommen von schnellen und schweren Autos noch verschärft, ist vielen ein Dorn im Auge. Die Anstrengungen zur Straßenreinigung und -pflasterung werden daher forciert. Der Anteil der gepflasterten Straßen steigt von 49 Prozent im Jahr 1900 auf 64 Prozent im Jahr 1938, wobei in den zwanziger Jahren verstärkt auch neue Materialien wie Asphalt und Beton zur Anwendung gelangen.[291]

Die entscheidende große Welle der Motorisierung setzt in Wien schließlich nach dem Zweiten Weltkrieg ein. In den fünfziger und sechziger Jahren wird der Besitz eines eigenen Fahrzeugs für viele zum Symbol der persönlichen Freiheit, zum Ausdruck des zunehmenden Wohlstands. Der Siegeszug des Autos ist unaufhaltbar. Die Anzahl der in Wien gemeldeten Autos steigt mit rasender Geschwindigkeit: 160.000 (1960), 356.000 (1970), 517.000 (1980), 613.000 (1990).[292] Mittlerweile hat sich der Autobestand seit den sechziger Jahren mehr als vervierfacht. Jedes Jahr werden rund 11.000 neue Kraftfahrzeuge angemeldet. Heute ist Wien mit rund 430 Kraftfahrzeugen pro 1.000 Einwohner eine überdurchschnittlich »motorisierte« Stadt. Pro Kopf der Bevölkerung sind hier mehr Autos unterwegs als in den meisten anderen europäischen Hauptstädten.

Berücksichtigt man zusätzlich den gerade in Wien in den letzten Jahrzehnten stark angewachsenen Pendel- und Durchgangsverkehr, so prognostizieren Verkehrsexperten, daß sich die Zahl der Kfz-Fahrten pro Werktag von rund 1,6 Millionen im Jahr 1985 auf über 2,1 Millionen im Jahr 2010 steigern wird.[293]

Einst ein Luxusgegenstand für eine begüterte Minderheit, ist das Auto längst zum Alltagsfahrzeug für jedermann geworden. Die Massenmotorisierung bedeutet den größten und nachhaltigsten Einschnitt in das Gefüge der Stadt, die heute jeden Tag aufs neue vom Verkehr überflutet wird. Um die Ein- und Ausfahrt der Automassen zu bewältigen, werden riesige Autobahnen errichtet, allen voran die Südosttangente, eine der meist frequentiertesten Stadtautobahnen Europas: Auf ihr sind heute täglich über 100.000 Autos unterwegs.[294]

Das Auto erobert die Stadt: Straßenszene in Wien, Ende der fünfziger Jahre.

Aber auch das dichtverbaute Stadtgebiet wird von zahlreichen starkbefahrenen Straßen duchzogen. Der Lebensraum der Stadtbevölkerung wird zunehmend enger, ganze Stadtteile werden durch den Verkehr isoliert. Ehemals repräsentative Boulevards wie Ring und Gürtel haben sich zu schwer passierbaren Grenzen innerhalb der Stadt entwickelt. Daß all dies auch Auswirkungen auf den Geruch der Stadtluft hat, liegt auf der Hand.

Kohlenmonoxid, Kohlendioxid, Kohlenwasserstoff, Stickoxid, Schwefeldioxid, Benzol, Blei, Ruß, Staub ... Längst haben Chemiker die Zusammensetzung der Autoabgase analysiert. Und das sind nur die wichtigsten Bestandteile. Insgesamt sind es über 160 giftige Substanzen, die heute durch den Kfz-Verkehr an die Luft abgegeben werden bzw. sekundär daraus entstehen, wie das seit einigen Jahren Aufsehen erregende Ozon. Sie schädigen die Atemorgane der Menschen, beeinträchtigen die Blutbildung und den Bluttransport, einige sind sogar krebserregend.[295]

Die Inhalation eines derartigen Luft-Cocktails gehört für die Stadtbewohner mittlerweile zum Alltag. An die an manchen Tagen besonders »schlechte« Luft hat man sich gezwungenermaßen schon lange gewöhnt. Gerne wird jedoch die Tatsache vergessen, daß der Kfz-Verkehr maßgeblich zur Schadstoffbelastung der gesamten Wiener Luft beiträgt. »Wenn es in Wien stinkt, sind nicht nur die Emissionen aus Industrie und Gewerbe daran schuld«, meinte kürzlich eine Zeitschrift für Stadtökologie.[296] Bei manchen Schadstoffen liegt der Anteil der Autos an der Luftverschmutzung inzwischen bei fast 80 Prozent.[297] Verschärft wird diese Situation noch dadurch, daß die Abgase annähernd in Nasenhöhe abgegeben und dadurch besonders intensiv wahrgenommen werden. Durch die Einführung des Katalysators und des bleifreien Benzins konnte seit Ende der achtziger Jahre zwar in manchen Bereichen eine Reduzierung der Belastung erreicht werden, die rasante Zunahme der Kraftfahrzeuge, die immer stockendere Abwicklung des Verkehrs sowie der steigende Anteil der Lkws machen jedoch viele Verbesserungen wieder zunichte.

Doch nicht alles, was aus den Autos emittiert wird, stinkt besonders markant. Am deutlichsten wahrgenommen wird das Stickoxid, das jenen lähmend-stickigen Geruch erzeugt, den man besonders dann bemerkt, wenn man einmal als Fußgänger das Pech hat, vor einer roten Ampel am Gürtel etwas länger warten zu müssen. Gerade der Gürtel ist wahrscheinlich jener Bereich innerhalb Wiens, an dem die größte geruchliche Veränderung in den vergangenen hundert Jahren vor sich ging. Vom Flair der prachtvollen »Ringstraße der Vorstädte«, die – gesäumt von repräsentativen öffentlichen und privaten Monumentalbauten – einst zum Flanieren und Verweilen in den eingestreuten Parkanlagen einlud, ist heute nicht mehr viel vorhanden. Vorbei ist die Zeit, als man sich gerne in den zahlreichen Kaffeehäusern an der Straße niederließ. Heute hat der Gürtel fast nur mehr eine transitorische Funktion. In Spitzenzeiten fahren hier jede Stunde rund 7.000 Autos![298] Es ist die Geschwindigkeit, die regiert, der rasende Puls der Stadt. Jeder längere Aufenthalt wird, so gut es geht, vermieden. Selbst die Kunden der Strich-Szene fahren mit dem Auto vor, holen ihre »Auserwählten« nur mehr ab. Eine schillernde Halbwelt aus Prostituierten, Strizzis, Lebenskünstlern und anderen Outcasts hat sich hier niedergelassen. Ihnen bietet der Gürtel ungestörten »Unterschlupf« inmitten des Gestanks und Lärms. Bevorzugte Adresse ist der Gürtel längst keine mehr. Für die 70.000 hier wohnenden Menschen gab und gibt es meist keine Alternative. Es sind Rentner, Arbeiter, kleine Angestellte, Ausländer, die froh sind, überhaupt eine Wohnung zu haben. Der 13,5 Kilometer lange Gürtel wurde zur vom Auto beherrschten, vom Gestank verdorbenen »dunklen Seite der Stadt«[299].

Laut einer 1993 veröffentlichten Untersuchung der Österreichischen Akademie der Wissenschaften fühlen sich in Wien rund 360.000 Menschen in ihren Wohnungen durch Gerüche beeinträchtigt. 50 Prozent der Befragten geben den Verkehr als Hauptverursacher an.[300] Die zunehmende Beeinträchtigung der Luft durch den Kfz-Verkehr läßt immer mehr die Grenze der ökologischen Verträglichkeit des Autos in der Stadt deutlich werden. Im neuen Stadtentwicklungsplan für Wien wird daher bis zum Jahr 2010 eine Reduktion des motorisierten Individualverkehrs von derzeit 37 Prozent auf 25 Prozent Anteil am Gesamtverkehrsaufkommen angestrebt.[301]

Es bleibt abzuwarten, ob damit auch eine spürbare Gestanksentlastung des öffentlichen Stadtraumes erzielt werden kann.

Anmerkungen

1 Zit. nach Rolf Dragstra: Der witternde Prophet. Über die Feinsinnigkeit der Nase. In: Dietmar Kamper, Christoph Wulf (Hg.): Das Schwinden der Sinne. Frankfurt/Main 1984, S. 173.
2 Ausstellungen: »Immer der Nase nach – eine Geruchssafari«: Ausstellung im Kinderliteraturhaus Wien vom 16. 1. bis 22. 2. 1995; »Aroma, Aroma – Versuch über den Geruch«: Ausstellung im Museum für Gestaltung in Basel, Herbst 1995. Radiosendungen: »Nova: Die Welt der Gerüche«: Ö1, 21.2.1995; »Stumpfe Sinne. Die neue Gleichgültigkeit und der Schlaraffenlandeffekt«: Ö1, 18.3.1995. Kongreß über »Das Riechen«, veranstaltet vom Forum der Kunst- und Ausstellungshalle der Bundesrepublik Deutschland in Bonn vom 24.–26.6.1994. Bezüglich der neueren schriftlichen Publikationen siehe Literaturverzeichnis.
3 Alain Corbin: Pesthauch und Blütenduft. Frankfurt/Main 1988, S. 299.
4 Vgl. dazu Eike Gebhardt: Die Stadt als moralische Anstalt. Zum Mythos der kranken Stadt. In: Klaus R. Scherpe: Die Unwirklichkeit der Städte. Reinbek bei Hamburg 1988, S. 279–304.
5 Peter Payer, Hans-Christian Heintschel, Werner Michael Schwarz: Der Geruch der Stadt. Historische und aktuelle Gerüche in Wien. Hg. vom Verein »Punkt«. Unveröffentlichte Forschungsarbeit im Auftrag der MA 7/Kulturabteilung der Stadt Wien. Wien 1995. Eine Zusammenfassung der Ergebnisse findet sich in: Wiener Geschichtsblätter 51 (1996), Heft 1, S. 1–36.
6 Alain Corbin: Pesthauch und Blütenduft. Frankfurt/Main 1988, S. 13.
7 Marianne Rodenstein: »Mehr Licht, mehr Luft«. Gesundheitskonzepte im Städtebau seit 1750. Frankfurt/Main–New York 1988, S. 10–12.
Vgl. dazu auch Heide Berndt: Hygienebewegung des 19. Jahrhunderts als vergessenes Thema von Stadt- und Architektursoziologie. In: Die alte Stadt. Zeitschrift für Stadtgeschichte, Stadtsoziologie und Denkmalpflege 14 (1987), S. 140–163.
8 D. Reinsch: Ein Stadtplan der Gerüche: München hat die erste Duftkarte Deutschlands. In: Bauwelt 84 (1993), Heft 32, S. 1688–1690.
9 Zit. nach Aroma, Aroma. Versuch über den Geruch. Katalog zur gleichnamigen Ausstellung des Museums für Gestaltung Basel. Basel 1996, o.S.
10 Hippolyte Cloquet: Osphresiologie oder Lehre von den Gerüchen. Weimar 1824; Hendrik Zwaardemaker: Die Physiologie des Geruches. Leipzig 1895; Iwan Block Hagen: Sexuelle Osphresiologie. Leipzig 1901; Hans Henning: Der Geruch. Leipzig 1916; Albert Wesselski: Der Sinn der Sinne. Ein Kapitel der ältesten Menschheitsgeschichte. Prag–Leipzig 1934; Herbert Hensel: Allgemeine Sinnesphysiologie. Hautsinne, Geschmack, Geruch. Berlin 1966; David M. Goldenberg: Geruchswahrnehmung und Schwellen von Duftgemischen beim Menschen. Leipzig 1967; J.E. Amoore: Olfactory genetics and anosmia. In: Beidler L.M. (Hg.): Olfaction. Handbook of sensory physiology. Bd.4. Teil 1. Berlin 1971; Antje Flade: Das Entdecken und Erkennen von Geruchsreizen geringer Intensität. Darmstadt 1971; Jürgen Boeckh: Geruch. In: Gauer, Kramer,

Jung (Hg.): Physiologie des Menschen II. Somatische Sensibilität, Geruch und Geschmack. München 1972; Michael Stoddard: The scented ape. The biology and culture of human odour. New York 1990.

11 Erich Kreissl: Zur Psychologie des Geruchssinns. Graz 1961; Heribert Wunsch: Der Einfluß des Geruches auf die Emotion und das Verhalten des Menschen. Wien 1984, Heinz Johann Krenn: Psychosmologie. Bestandsaufnahme und einige empirische Ergebnisse. 3 Bde. Wien 1985; Gerhard W. Blasche: Unterbewußte Geruchskonditionierung. Ein Beitrag zur Geruchskommunikation. Wien 1987.

12 Arnold Krumm-Heller: Osmologische Heilkunde. Die Magie der Duftstoffe. Berlin 1955.

13 Österreichisches Statistisches Zentralamt: Umwelt in Österreich. Daten und Trends 1991. Wien 1991; dass.: Umweltbedingungen von Wohnung und Arbeitsplatz (Mikrozensus 91). Beiträge zur Österreichischen Statistik. Heft 1.046. Wien 1992; Österreichische Akademie der Wissenschaften/Kommission für Reinhaltung der Luft: Umweltwissenschaftliche Grundlagen und Zielsetzungen im Rahmen des Nationalen Umweltplans für die Bereiche Klima, Luft, Geruch und Lärm. Wien 1993.

14 Wilhelm Höper: Über einige neue empfindliche Geruchsnachweise in der qualitativen Analyse. Wien 1949; Gerhard Buchbauer: Über synthetische Riechstoffe. Wien, Phil. Diss. 1971.

15 Christian Kotter: Neue methodisch verbesserte Untersuchungen zur weiteren Klärung eines Wettereinflusses auf die Geruchsempfindung. München 1951; Andrea Huber: Olfaktorische Prozesse und Hemisphärendifferenzen. Salzburg 1986.

16 Walter Summer: Geruchlosmachung von Luft und Abwasser. Wien 1970.

17 Zit. nach Christoph Wagner: Von der Philosophie der Nase. In: Die schönen Dinge des Lebens. Profil Nr. 49, vom 5.12.1994, S. 92.

18 Vgl. dazu wie zu den folgenden Publikationserwähnungen die ausführlichen Zitate im Literaturverzeichnis.

19 Gerhard Buchbauer: Über synthetische Riechstoffe. Wien, Phil. Diss. 1971, S. 76.

20 Nach Walter Summer: Geruchlosmachung von Luft und Abwasser. Wien 1970, S. 23 u. Österreichische Akademie der Wissenschaften/Kommission für Reinhaltung der Luft: Umweltwissenschaftliche Grundlagen und Zielsetzungen im Rahmen des Nationalen Umweltplans für die Bereiche Klima, Luft, Geruch und Lärm. Wien 1993, S. 5–9.

21 Rolf Dragstra: Der witternde Prophet. Über die Feinsinnigkeit der Nase. In: Dietmar Kamper, Christoph Wulf (Hg.): Das Schwinden der Sinne. Frankfurt/Main 1984, S. 165.

22 Österreichische Akademie der Wissenschaften/Kommission für Reinhaltung der Luft: Umweltwissenschaftliche Grundlagen und Zielsetzungen im Rahmen des Nationalen Umweltplans für die Bereiche Klima, Luft, Geruch und Lärm. Wien 1993, S. 5.12.

23 Georg Simmel sieht in der Unmöglichkeit der Versprachlichung der Geruchsempfindungen einen der Hauptgründe für die Fähigkeit der Gerüche, gleichsam reflexartig Antipathie oder Sympathie zu erzeugen. (Eva Barlösius: Über den

Geruch. Langfristige Wandlungen der Wahrnehmung, Kontrolle und Gestaltung von Riechendem. In: Helmut Kuzmics, Ingo Mörth (Hg.): Der unendliche Prozeß der Zivilisation. Zur Kultursoziologie der Moderne nach Norbert Elias. Frankfurt/Main–New York 1991, S. 249.)
24 Paul Faure: Magie der Düfte. Eine Kulturgeschichte der Wohlgerüche. München 1993, S. 11–12.
25 Ebd., S. 12–13.
26 Ebd., S. 270.
27 Johann Pezzl: Skizze von Wien. Hg. von Gustav Gugitz und Anton Schlossar. Graz 1923, S. 58. (Reprint der Originalausgabe von 1803).
28 Österreichische Akademie der Wissenschaften/Kommission für Reinhaltung der Luft: Umweltwissenschaftliche Grundlagen und Zielsetzungen im Rahmen des Nationalen Umweltplans für die Bereiche Klima, Luft, Geruch und Lärm. Wien 1993, S. 5.2.
29 Der Standard, 13.2.1996, S. 7.
30 rk-aktuell: 31.10.1996, Blatt 2724.
31 Vgl. dazu auch Gerd Göckenjan: Kurieren und Staat machen. Gesundheit und Medizin in der bürgerlichen Welt. Frankfurt/Main 1985, S. 94–109.
32 Johann Peter Frank: System einer vollständigen medicinischen Polizey. Bd. 1 (2. Auflage). Mannheim 1784, S. 99.
33 Ebd., S. 5.
34 Ernst Benjamin Gottlieb Hebenstreit: Lehrsätze der medicinischen Polizeywissenschaft. Leipzig 1791, S. 17, 21.
35 Ebd., S. 21–30.
36 Ebd., S. 29.
37 Johann Peter Frank: System einer vollständigen medicinischen Policey. Bd. 3. Mannheim 1783, S. 884.
Das Bild des in seiner Gesundheit bedrohten »Stadt-Körpers« hält sich das ganze 19. Jahrhundert hindurch. Noch 1894 werden der Staub und Gestank in den Gassen als die zwei »Hauptkrebs-schäden« von Wien bezeichnet. (Reinhard Petermann: Wien im Staub. In: Neues Wiener Tagblatt, 4.4.1894, S. 1.)
38 D.Z. Wertheim: Versuch einer medicinischen Topographie von Wien. Wien 1810, S. 51.
39 Marianne Rodenstein: »Mehr Licht, mehr Luft«. Gesundheitskonzepte im Städtebau seit 1750. Frankfurt/Main–New York 1988, S. 51.
40 Ebd., S. 36.
41 Ebd., S. 37.
42 Ebd.
43 Alfons Labisch: Homo Hygienicus. Gesundheit und Medizin in der Neuzeit. Frankfurt/Main–New York 1992, S. 107.
44 Alain Corbin: Pesthauch und Blütenduft. Frankfurt/Main 1988, S. 83–87.
45 Ebd., S. 83.
46 Ernst Benjamin Gottlieb Hebenstreit: Lehrsätze der medicinischen Polizeywissenschaft. Leipzig 1791, S. 21.

47 Marianne Rodenstein: »Mehr Licht, mehr Luft«. Gesundheitskonzepte im Städtebau seit 1750. Frankfurt/Main–New York 1988, S. 94–95.
48 Peter Reinhart Gleichmann: Die Verhäuslichung körperlicher Verrichtungen. In: Ders., Johan Goudsblom, Hermann Korte (Hg.): Materialien zu Norbert Elias' Zivilisationstheorie. Frankfurt/Main 1979, S. 254–278.
49 Hans-Christian Heintschel: Naturgerüche. In: Peter Payer/Hans-Christian Heintschel/Werner Michael Schwarz: Der Geruch der Stadt. Historische und aktuelle Gerüche in Wien. Hg. vom Verein »Punkt«. Unveröffentlichte Forschungsarbeit im Auftrag der MA 7/Kulturabteilung der Stadt Wien. Wien 1995, S. 42–44.
50 Zur Professionalisierung der Ärzteschaft und deren Bedeutung im bürgerlichen Ordnungs- und Gesundheitskonzept des 19. Jahrhunderts vgl. Thomas N. Burg: »Sieches Volk macht siechen Staat«. Arzt, Stand und Staat im 19. Jahrhundert. Wien 1994; Gerd Göckenjan: Kurieren und Staat machen. Gesundheit und Medizin in der bürgerlichen Welt. Frankfurt/Main 1985.
51 1873 Gründung des »Deutschen Vereins für öffentliche Gesundheitspflege«.
52 Mittheilungen der Österreichischen Gesellschaft für Gesundheitspflege. Bd. 1. Wien 1881–1882, S. 18–19.
53 Die Bezeichnung wird später mehrmals umgeändert in »Monatsschrift für öffentliche Gesundheitspflege«, »Österreichische Vierteljahreszeitschrift für Gesundheitspflege«, »Zeitschrift für öffentliche Gesundheitspflege«.
54 Mittheilungen der Österreichischen Gesellschaft für Gesundheitspflege. Bd. 1–3. Wien 1881–1884. In den späteren Schriften finden sich vermehrt Analysen von speziellen produktionsbedingten Emissionen (zum Beispiel bei Bleihütten, Färbereien, Gießereien, Zementfabriken oder im Kohlenbergbau).
55 Katalog der während der Dauer des Congresses veranstalteten Internationalen hygienisch-demographischen Ausstellung. Wien 1887.
56 Offizieller Katalog der unter dem höchsten Protektorate Sr. k. u. k. Hoheit des Durchlauchtigsten Herrn Erzherzogs Leopold Salvator stehenden Allgemeinen Hygienischen Ausstellung Wien–Rotunde 1906. Hg. von Direktor Josef Gally. Wien 1906, S. 3.
57 Schluß-Bericht über die unter dem höchsten Protektorate Seiner kaiserlichen und königlichen Hoheit, des Durchlauchtigsten Herrn Erzherzogs Leopold Salvator statteghabte Allgemeine Hygienische Ausstellung in Wien–Rotunde 1906. Wien 1906, S. 14, 21, 22.
58 Gleichmann weist darauf hin, daß sich die Anlage von WCs durchsetzt, obwohl dies für viele bürgerliche Hausbesitzer einen Einkommensverlust bedeutet, da sie bis dahin die gesammelten Fäkalien als Dünger an die Bauern verkaufen konnten. Der Zwang nach Geruchlosigkeit ist stärker. (Peter Reinhart Gleichmann: Die Verhäuslichung körperlicher Verrichtungen. In: Ders., Johan Goudsblom, Hermann Korte (Hg.): Materialien zu Norbert Elias' Zivilisationstheorie. Frankfurt/Main 1979, S. 261–262.)
59 Zit. nach Alfons Labisch: Homo Hygienicus. Gesundheit und Medizin in der Neuzeit. Frankfurt/Main–New York 1992, S. 120.
Die Auseinandersetzung mit dem Proletariat war in den Augen des Bürgertums letztlich ein Kampf der Zivilisation gegen »wilde« und »rohe Naturmenschen«.

Vgl. dazu: Sigrid Wadauer: »Wilde der Civilisation.« Zur Frage klassenrassistischer Deutungsmuster in Diskursen über das »Proletariat.« Wien, Phil. Dipl.-Arb. 1994.
60 Alain Corbin: Pesthauch und Blütenduft. Frankfurt/Main 1988, S. 197. Gleichzeitig werfen die Bürger auch dem Adel vor, einen unmoralischen Lebenswandel zu führen und seinen Mangel an Sauberkeit und Gesundheit durch Anwendung von allerlei Parfums und Pomaden verdecken zu wollen. Diese Vorwürfe spiegeln nicht nur die zunehmende Kritik an der gesellschaftlichen Vormachtstellung dieser Elite wider, sie demonstrieren auch das Gefühl der gesellschaftlichen Überlegenheit des bürgerlichen Standes, der – so ist man überzeugt – als einziger eine natürliche, vernünftigen Idealen gehorchende Lebensweise verfolgt. (Vgl. dazu Ulrike Döcker: Die Ordnung der bürgerlichen Welt. Verhaltensideale und soziale Praktiken im 19. Jahrhundert. Frankfurt/Main–New York 1994, S. 103–106.)
61 Marianne Rodenstein: »Mehr Licht, mehr Luft«. Gesundheitskonzepte im Städtebau seit 1750. Frankfurt/Main–New York 1988, S. 69.
62 Zit. nach Jürgen Reulecke, Adelheid Gräfin zu Castell Rüdenhausen: Stadt und Gesundheit. Zum Wandel von »Volksgesundheit« und kommunaler Gesundheitspolitik im 19. und frühen 20. Jahrhundert. Stuttgart 1991, S. 11.
63 Gerhard Fischer: Die Blumen des Bösen. 2. Kapitel. Das Leben der infamen Menschen im Kreislauf der Internierung. Materialien zur gleichnamigen Ausstellung der Gruppe »daedalus«. Wien 1994, o.S.
64 Eva Barlösius: Über den Geruch. Langfristige Wandlungen der Wahrnehmung, Kontrolle und Gestaltung von Riechendem. In: Helmut Kuzmics, Ingo Mörth (Hg.): Der unendliche Prozeß der Zivilisation. Zur Kultursoziologie der Moderne nach Norbert Elias. Frankfurt/Main–New York 1991, S. 244–245.
65 Corbin hebt die besondere soziale Ächtung des Lumpensammlers hervor: »Die Gerüche des Elends konzentrieren sich auf die durch und durch verseuchte Person des Lumpensammlers; sein Gestank hat Symbolcharakter.« (Alain Corbin: Pesthauch und Blütenduft. Frankfurt/Main 1988, S. 194.)
66 Zwischen den Ruhestätten bürgerlicher Hausbesitzer und Gewerbetreibender auf dem Biedermeierfriedhof in St. Marx befindet sich auch ein Grab mit der Inschrift »bürgerliche Kanalräumers-Gattin«, beredtes Zeugnis des Bestrebens dieses Berufsstandes und seiner Angehörigen, in der bürgerlichen Welt gleichberechtigt akzeptiert zu werden.
67 Alain Corbin: Pesthauch und Blütenduft. Frankfurt 1988, S. 193.
68 Joseph Krieger: Der Werth der Ventilation. Straßburg 1899, S. 8.
69 Alain Corbin: Pesthauch und Blütenduft. Frankfurt 1988, S. 21.
70 Ebd., S. 23.
71 Ebd., S. 29.
72 Zur Bedeutung des Bodens sowie zu der in diesem Zusammenhang interessanten Interpretationsgeschichte der Wiener Sage vom »Basilisken« vgl. Hans-Christian Heintschel: Naturgerüche. In: Peter Payer, Hans-Christian Heintschel, Werner Michael Schwarz: Der Geruch der Stadt. Historische und aktuelle

Gerüche in Wien. Hg. vom Verein »Punkt«. Unveröffentlichte Forschungsarbeit im Auftrag der MA 7/Kulturabteilung der Stadt Wien. Wien 1995, S. 25–31.
73 Alain Corbin: Pesthauch und Blütenduft. Frankfurt 1988, S. 36–37.
74 Eckhard: Physikalisch-historische Abhandlung über den Nutzen und Notwendigkeit der Entfernung deren Begräbnissen und Abschaffung aller Krüften und Kirchhöfe inner den Linien, deren giftige Ausdünstungen die Gegenden Wiens fieberträchtig machen. Wien–Leipzig 1784, S. 50–51.
75 Ebd., S. 44.
76 Ebd., S. 52–53.
77 Die ebenfalls als Erklärung herangezogene »Kontagiumstheorie«, die von einer Übertragung der Seuche durch Körperkontakt ausgeht, wird nicht zuletzt auch aus politischen und ökonomischen Gründen verworfen. Vgl. dazu Marianne Rodenstein: »Mehr Licht, mehr Luft«. Gesundheitskonzepte im Städtebau seit 1750. Frankfurt/Main–New York 1988, S. 56–58.
78 Wolfgang Pirchner, Andreas Pribersky: Die Gesundheit, die Polizei und die Cholera. In: Verein für Geschichte der Stadt Wien (Hg.): Wien im Vormärz. Wien–München 1980, S. 208.
79 Alfons Labisch: Homo Hygienicus. Gesundheit und Medizin in der Neuzeit. Frankfurt/Main–New York 1992, S. 127.
80 Zit. nach Johan Goudsblom: Zivilisation, Ansteckungsangst und Hygiene. Betrachtungen über einen Aspekt des europäischen Zivilisationsprozesses. In: Peter Reinhart Gleichmann, Johan Goudsblom, Hermann Korte (Hg.): Materialien zu Norbert Elias' Zivilisationstheorie. Frankfurt/Main 1979, S. 237.
81 Zit. nach Gerd Göckenjan: Kurieren und Staat machen. Gesundheit und Medizin in der bürgerlichen Welt. Frankfurt/Main 1985, S. 114.
82 Vgl. dazu Alexander Uitz: Luftige sonnendurchflutete Räume. Hygienische Konzeptionen gesunder Wohnarchitektur. Wien, Phil. Dipl-Arb. 1994, S. 34–35.
83 Max von Pettenkofer: Untersuchungen und Beobachtungen über die Verbreitungswege der Cholera. München 1855, S. 268.
84 Marianne Rodenstein: »Mehr Licht, mehr Luft«. Gesundheitskonzepte im Städtebau seit 1750. Frankfurt/Main–New York 1988, S. 82.
Heute weiß man, daß die Verunreinigung des Bodens sehr wohl ein wichtiges Element in der Übertragung der Cholera war, jedoch nicht wegen der daraus aufsteigenden miasmatischen Bodenluft, sondern weil der Boden das Trinkwasser verseuchte.
85 Ebd., S. 83.
86 Alain Corbin: Pesthauch und Blütenduft. Frankfurt 1988, S. 293.
Eva Barlösius weist auf die bedeutsame Funktion des rationalen Wissens in bezug auf Gerüche hin: Allein durch kognitive Distanz sei eine Untersuchung der unmittelbar emotional wirkenden Gerüche und damit auch eine Änderung der Einstellung zu diesen möglich geworden. (Eva Barlösius: Über den Geruch. Langfristige Wandlungen der Wahrnehmung, Kontrolle und Gestaltung von Riechendem. In: Helmut Kuzmics, Ingo Mörth (Hg.): Der unendliche Prozeß der Zivilisation. Zur Kultursoziologie der Moderne nach Norbert Elias. Frankfurt/Main–New York 1991, S. 245–246.)

87 Wolfgang Pirchner, Andreas Pribersky: Die Gesundheit, die Polizei und die Cholera. In: Verein für Geschichte der Stadt Wien (Hg.): Wien im Vormärz. Wien–München 1980, S. 204–207.
88 Zit. nach ebd., S. 207.
89 Ebd., S. 207–208.
90 Leopold Senfelder: Geschichte des Wiener Stadtphysikates. Wien 1908, S. 33.
91 Jahresbericht des Wiener Stadtphysikates 1891. Wien 1892, S. 7.
92 Nikolaus Theodor Mühlibach: Wien von seiner übelsten Seite betrachtet. Ein Beytrag zur ärztlichen Erhaltungs- und Sicherheitspflege dieser Hauptstadt. Wien 1815, S. 102–125.
93 Sophokles Ghinopoulo: Die hygienischen Verhältnisse Wiens im Anfange des 19. Jahrhunderts. In: Volksgesundheit. Zeitschrift für soziale Hygiene 2 (1928), Heft 11, S. 235.
94 Adalbert Stifter: Wiener Wetter. In: Aus dem alten Wien. Zwölf Erzählungen von Adalbert Stifter. Frankfurt/Main 1986 (Reprint von 1844), S. 195–196.
95 Theodor Weyl: Die Assanierung von Wien. Leipzig 1902, S. 44.
96 Zit. nach Wolfgang Pirchner, Andreas Pribersky: Die Gesundheit, die Polizei und die Cholera. In: Verein für Geschichte der Stadt Wien (Hg.): Wien im Vormärz. Wien–München 1980, S. 210. Hier ist auch ein Überblick über die verzweifelten und zunächst wirkungslosen Maßnahmen der Bekämpfung dieser Seuche zu finden.
97 Manfred Wehdorn: Die Bautechnik der Wiener Ringstraße. Bd. 1. Wiesbaden 1978, S. 12–13.
98 Adolf Schmidl: Wien und seine nächsten Umgebungen. Wien 1847, S. 132.
99 Franz Atzinger, Heinrich Grave: Geschichte und Verhältnisse des Wien-Flusses sowie Anträge für dessen Regulirung und Nutzbarmachung mit Rücksichtnahme auf die jetzigen allgemeinen und localen Anforderungen. Wien 1874, S. 49.
100 Elim Henri d'Avigdor: Der Wienfluß und die Wohnungsnot. Wien 1873, S. 14.
101 Elim Henri d'Avigdor: Das Wohlsein der Menschen in Grosstädten. Mit besonderer Rücksicht auf Wien. Wien 1874, S. 142.
102 Vgl. dazu John von Simson: Kanalisation und Stadthygiene. (= Technikgeschichte in Einzeldarstellungen, Nr.39). Düsseldorf 1983.
Nach dem Ausbau und der Modernisierung des Wiener Kanalnetzes in der Nachkriegszeit wird 1980 der vorläufige Schlußpunkt in der Geschichte der Errichtung dieser städtischen Entsorgungsinfrastruktur gesetzt: Der linke Donausammelkanal wird fertiggestellt und die Hauptkläranlage Simmering eröffnet, die heute das Abwasser sämtlicher Kanäle reinigt (täglich mehr als 500.000 m^3). Bis zur Jahrtausendwende sind im derzeit rund 2000 km langen Kanalnetz die Sanierung von 250 km und der Neubau von 320 km Kanal geplant.
103 Wiens's sanitäre Verhältnisse und Einrichtungen. Wien 1881, S. 48.
104 Emil Kammerer: Die Frage der Beseitigung der Abfallstoffe der Grosscommune Wien. Wien 1881, S. 2.
105 Berndt Anwander: Unterirdisches Wien. Wien 1993, S. 229.
Zum verzögerten und durchaus unterschiedlichen Beginn der Kanalisierung in den deutschen Städten, in dem nicht nur gesundheitliche, sondern auch lokale

politische, ökonomische und soziale Motive eine Rolle spielen, vgl. Marianne Rodenstein: »Mehr Licht, mehr Luft«. Gesundheitskonzepte im Städtebau seit 1750. Frankfurt/Main–New York 1988, S. 84–93.

106 Max Winter: Im dunkelsten Wien. Wien 1904, S. 24.
107 Ebd., S. 25.
108 Emil Kläger: Durch die Quartiere der Not und des Verbrechens. Wien o.J. (Reprint von: Durch die Wiener Quartiere des Elends und Verbrechens. Wien 1908), S. 65.
109 Ebd., S. 33.
110 Ebd., S. 64.
111 Max Winter: Im dunkelsten Wien. Wien 1904, S. 20.
112 Alfons Petzold: Der Abgrund. In: Einmal werden sich die Tage ändern. Wien–Graz 1959, S. 57.
113 Trotz der zur Überwachung des Kanalnetzes im Jahre 1934 eingeführten Kanalbrigade sind Kanalstrotter in Wien bis nach dem Zweiten Weltkrieg anzutreffen. Vgl. dazu Otto Krammer: Wiener Volkstypen. Von Buttenweibern, Zwiefel-Krowoten und anderen Wiener Originalen. Wien 1983, S. 42–43.
114 Kundmachungen und Vorschriften betreffend die Kanal- und Senkgrubenräumung in Wien 1873–1893. Wien 1893, o.S.
115 Jahresbericht des Wiener Stadtphysikates über seine Amtsthätigkeit im Jahre 1876. Wien 1877, S. 22.
116 Max Winter: Im dunkelsten Wien. Wien 1904, S. 22–23.
117 Emil Kammerer: Die Frage der Beseitigung der Abfallstoffe der Grosscommune Wien. Wien 1881, S. 16, 18.
118 Elim Henri d'Avigdor: Das Wohlsein der Menschen in Grosstädten. Mit besonderer Rücksicht auf Wien. Wien 1874, S. 140, 170.
119 Anton Wildgans: Sämtliche Werke. Bd. 1. Wien–Salzburg 1948, S. 128–129.
120 Max Rubner: Lehrbuch der Hygiene. Leipzig–Wien 1892, S. 38.
121 Denselben Vergleich gebraucht noch 1908 der wegen seiner Gesundheitsansichten oft belächelte Schriftsteller Peter Altenberg, wenn er schreibt: »Die Edelforelle stirbt ab im Wasser, das nicht fließt, sich nicht regeneriert mit Sauerstoffperlen! Aber das menschliche Gehirn, gleich beweglich und sauerstoffbedürftig, glaubt gedeihen zu können in Brackwasser!« (Zit. nach Hans Christian Kosler: Peter Altenberg. Frankfurt/Main 1984, S. 43.)
122 Elim Henri d'Avigdor: Das Wohlsein der Menschen in Grosstädten. Mit besonderer Rücksicht auf Wien. Wien 1874, S. 171.
123 Alexander Friedmann: Die Luftreinigung grosser Städte durch Ventilation und Miasmemverbrennung mit besonderer Bezugnahme auf die Verhältnisse der Reichshaupt- und Residenzstadt Wien. Wien 1866, S. 5.
124 Max Gruber: Über Desinfection. In: Mittheilungen der Österreichischen Gesellschaft für Gesundheitspflege. Bd. 3. Wien 1884, S. 43.
125 Vgl. dazu Marianne Rodenstein: »Mehr Licht, mehr Luft«. Gesundheitskonzepte im Städtebau seit 1750. Frankfurt/Main–New York 1988, S. 29–34.
126 Johann Peter Frank: System einer vollständigen medicinischen Polizey. Bd. 3. Mannheim 1783, S. 898.

127 Ebd., S. 884–886.
128 Eckhard: Physikalisch-historische Abhandlung über den Nutzen und Notwendigkeit der Entfernung deren Begräbnissen und Abschaffung aller Krüften und Kirchhöfe inner den Linien, deren giftige Ausdünstungen die Gegenden Wiens fieberträchtig machen. Wien–Leipzig 1784, S. 5–6.
129 Peter Lichtenthal: Ideen zu einer Diätetik für die Bewohner Wiens, nebst Beyträgen zur medizinischen Topographie dieser Hauptstadt. Wien, 1810, S. 51.
130 Marie Weyr: Volksgarten und Stadtpark. In: Wienerstadt. Lebensbilder. Lebensbilder aus der Gegenwart. Prag–Wien–Leipzig 1895, S. 444.
131 Bericht eines Reisenden aus dem Jahr 1873. Zit. nach Elim Henri d'Avigdor: Das Wohlsein der Menschen in Grosstädten. Mit besonderer Rücksicht auf Wien. Wien 1874, S. 6.
132 Ebd., S. 35.
133 Wilhelm Gollmann: Aerztliche Winke für die Neugestaltung Wien's. Wien 1858, S. 4.
134 Ein Überblick über die frühen Versuche zur Regulierung des Wienflusses findet sich in Franz Atzinger/Heinrich Grave: Geschichte und Verhältnisse des Wien-Flusses sowie Anträge für dessen Regulirung und Nutzbarmachung mit Rücksichtnahme auf die jetzigen allgemeinen und localen Anforderungen. Wien 1874.
135 Joseph Roth: Juden auf Wanderschaft. Berlin 1927, S. 62.
136 Alexander Uitz: Luftige sonnendurchflutete Räume. Hygienische Konzeptionen gesunder Wohnarchitektur. Wien, Phil. Dipl.-Arb. 1994, S. 86–93.
137 Ebd., S. 95–96.
138 Ermar Junker: Die Entwicklung des Gesundheitswesens in Wien. In: Wien aktuell, Heft VI, Dezember 1985, S. IV.
139 Wolfgang Schmeltzl: Ein Lobspruch der Stadt Wien in Österreich. Wien 1548. (Sprachlich erneuert und bearbeitet von August Silberstein. Wien–Pest–Leipzig 1892), S. 42.
140 Alain Corbin: Pesthauch und Blütenduft. Frankfurt/Main 1988, S. 139.
141 Ebd., S. 138–139.
142 Jahresbericht des Wiener Stadtphysikates über seine Amtsthätigkeit im Jahre 1876. Wien 1877, S. 48.
143 Joseph Bosing: Versuch einer medizinischen Topographie von Wien. In: Medizinisches Archiv von Wien und Oesterreich vom Jahre 1800. Wien 1801, S. 217; Peter Lichtenthal: Ideen zu einer Diaetetik für die Bewohner Wiens, nebst Beyträgen zur medizinischen Topographie dieser Hauptstadt. Wien 1810, S. 51.
144 Jahresbericht des Wiener Stadtphysikates über seine Amtsthätigkeit im Jahre 1873. Wien 1874, S. 7.
145 Jahresbericht des Wiener Stadtphysikates über seine Amtsthätigkeit im Jahre 1876. Wien 1877, S. 48–49.
146 Jahresbericht des Wiener Stadtphysikates über seine Amtsthätigkeit im Jahre 1873. Wien 1874, S. 11.
147 Max Gruber: Über Desinfection. In: Mittheilungen der Österreichischen Gesellschaft für Gesundheitspflege. Bd. 3. Wien 1884, S. 40.
148 Ebd., S. 44.

149 Ebd., S. 45.
150 Die einzige heute noch tätige städtische Desinfektionsanstalt befindet sich im 3. Bezirk/Arsenal.
151 Desinfektions-Ordnung der Stadt Wien vom 2.10.1924. Wien 1924, S. 11. Heute werden aufgrund der hohen Toxizität des Formaldehyds Desinfektionsmittel auf Basis anderer Aldehyde, Tenside oder organischer Sauerstoffverbindungen sowie vereinzelt weiterhin auch noch Kalkmilch verwendet. Das Angebot an Desinfektionsmitteln ist inzwischen als Folge der rasanten Entwicklung der chemischen Industrie enorm vielfältig, sodaß es nicht mehr nur einige wenige Mittel gibt, die für alle Bereiche zur Anwendung gelangen. Spezialdesinfektionsmittel werden je nach Bedarf für die unterschiedlichsten Anforderungen verwendet. (Für diese Informationen bedanke ich mich bei Herrn Andreas Flaschner, Leiter der städtischen Desinfektionsanstalt der MA15.)
152 Brigitte Rigele: Sardellendragoner und Fliegenschütz. Vom Pferde im Alltag der Stadt. Wien 1995, S. 7.
153 Zit. nach Felix Czeike: Landpartien und Sommeraufenthalte. Die Entwicklung vom ausgehenden 17. bis zur Mitte des 19. Jahrhunderts. In: Wiener Geschichtsblätter 43 (1988), Heft 3, S. 48.
154 Brigitte Rigele: Sardellendragoner und Fliegenschütz. Vom Pferde im Alltag der Stadt. Wien 1995, S. 14.
155 Jahresbericht des Wiener Stadtphysikates über seine Amtsthätigkeit im Jahre 1877. Wien 1878, S. 12.
156 Jahresbericht des Wiener Stadtphysikates über seine Amtsthätigkeit im Jahre 1876. Wien 1877, S. 18.
157 Reinhard Petermann: Wien im Staub. In: Neues Wiener Tagblatt, 4.4.1894, S. 1.
158 Brigitte Rigele: Sardellendragoner und Fliegenschütz. Vom Pferd im Alltag der Stadt. Wien 1995, S. 14.
159 Helmut Angelmahr: Transport: Die Überwindung der Distanzen. In: Günther Chaloupek, Peter Eigner, Michael Wagner: Wien. Wirtschaftsgeschichte 1740–1938. Teil 2: Dienstleistungen. Wien 1991, S. 865.
160 Eckhard: Physikalisch-historische Abhandlung über den Nutzen und Notwendigkeit der Entfernung deren Begräbnissen und Abschaffung aller Krüften und Kirchhöfe inner den Linien, deren giftige Ausdünstungen die Gegenden Wiens fieberträchtig machen. Wien–Leipzig 1784, S. 8.
161 Eckhard: Physikalisch-historische Abhandlung über den Nutzen und Notwendigkeit der Entfernung deren Begräbnissen und Abschaffung aller Krüften und Kirchhöfe inner den Linien, deren giftige Ausdünstungen die Gegenden Wiens fieberträchtig machen. Wien–Leipzig 1784, S. 50.
162 Ebd.
163 Dienstordnung für die Todtengräber auf den fünf Leichenhöfen der k.k. Haupt- und Residenzstadt Wien. Wien 1826, o.S.
164 Jahresbericht des Wiener Stadtphysikates über seine Amtsthätigkeit im Jahre 1874. Wien 1875, S. 33–34.
165 An manchen Friedhöfen findet nach deren Auflassung eine natürliche Geruchsumwandlung statt. Der St. Marxer Friedhof, die einzige in Wien noch original

erhaltene Begräbnisstätte aus dem Biedermeier, ist heute mit seinen zahlreichen Fliederbüschen besonders zur Blütezeit im Frühjahr einer der duftintensivsten Orte der Stadt. An den ehemals so gefürchteten Geruch der Toten denkt man hier gewiß nicht mehr.

166 Heinrich Adler: Hygienischer Führer durch Wien. Wien 1887, S. 39.
167 Jahresbericht des Wiener Stadtphysikates über seine Amtsthätigkeit im Jahre 1876. Wien 1877, S. 106.
168 Jahresbericht des Wiener Stadtphysikates über seine Amtsthätigkeit im Jahre 1875. Wien 1876, S. 67.
169 Jahresbericht des Wiener Stadtphysikates über seine Amtsthätigkeit im Jahre 1876. Wien 1877, S. 53, 107.
170 Jahresbericht des Wiener Stadtphysikates über seine Amtsthätigkeit im Jahre 1877. Wien 1878, S. 39.
171 Jahresbericht des Wiener Stadtphysikates über seine Amtsthätigkeit im Jahre 1878. Wien 1879, S. 55.
172 Zit. nach Norbert Elias: Über den Prozeß der Zivilisation. Frankfurt/Main 1977, Bd. 1, S. 177. Johan Goudsblom weist auf ein ähnliches Verbot in Amsterdam hin, welches bereits 1481 das öffentliche Verrichten der Notdurft untersagt. (Johan Goudsblom: Zivilisation, Ansteckungsangst und Hygiene. Betrachtungen über einen Aspekt des europäischen Zivilisationsprozesses. In: Peter Reinhart Gleichmann, Johan Goudsblom, Hermann Korte (Hg.): Materialien zu Norbert Elias' Zivilisationstheorie. Frankfurt/Main 1979, S. 237.)
173 Peter Reinhart Gleichmann: Die Verhäuslichung körperlicher Verrichtungen. In: Ders., Johan Goudsblom, Hermann Korte (Hg.): Materialien zu Norbert Elias' Zivilisationstheorie. Frankfurt/Main 1979, S. 255–256.
174 Willibald Alexis: Wiener Bilder. Leipzig 1833, S. 150–151.
175 Adolf Schmidl: Wien und seine nächsten Umgebungen. Wien 1847, S. 130–131.
176 Wilhelm Gollmann: Aerztliche Winke für die Neugestaltung Wien's. Wien 1858, S. 9.
177 Jahresbericht des Wiener Stadtphysikates über seine Amtsthätigkeit im Jahre 1876. Wien 1877, S. 48.
178 Jahresbericht des Wiener Stadtphysikates über seine Amtsthätigkeit im Jahre 1875. Wien 1876, S. 9–10.
179 Wien's sanitäre Verhältnisse und Einrichtungen. Wien 1881, S. 58.
180 H. Beraneck: Eingeölte Pissoire mit Oelabschluss. In: Zeitschrift des österr. Ingenieur- und Architektenvereines. Nr. 36. 1892, S. 474.
181 Ebd., S. 475.
182 Karl Böhmerle: 100 Jahre Firma Beetz 1883 – 1983. Unveröffentlichte Festschrift. Wien o.J. (1983), S. 9.
183 Manfred Wehdorn: Die Bautechnik der Wiener Ringstraße. Bd. 2. Wiesbaden 1978, S. 209–210.
184 Martin Paul: Technischer Führer durch Wien. Wien 1910, S. 133.
185 Zur Situation in München vgl. Erika Kiechle-Klemt, Sabine Sünwoldt: Anrüchig. Bedürfnisanstalten in der Großstadt. Hg. vom Stadtarchiv München. München 1990.

186 H. Beraneck: Die Wiener Bedürfnisanstalten System Beetz. In: Zeitschrift des österr. Ingenieur- und Architektenvereines. Nr. 49. 1905, S. 680.
187 Ebd., S. 679.
188 H.C. Artmann: med ana schwoazzn dintn. gedichta r aus bradnsee. Salzburg 1958, S. 48. (Für diesen Literaturhinweis bedanke ich mich herzlich bei Gerhard Geissler.)
189 Johann Pezzl: Skizze von Wien. Hg. von Gustav Gugitz und Anton Schlossar. Graz 1923, S. 11–12. (Reprint der Originalausgabe von 1803.)
190 Nikolaus Theodor Mühlibach: Wien von seiner übelsten Seite betrachtet. Wien 1815, S. 127.
191 Josef Riedel: Die Luft und das Grundwasser in hygienischer Beziehung. In: Mittheilungen der Österreichischen Gesellschaft für Gesundheitspflege. Bd. 2. Wien 1883, S. 163; Kursivierung im Original gesperrt.
192 Bericht eines Besuchers von Alt-Wien. In: Elim Henri d'Avigdor: Das Wohlsein der Menschen in Grosstädten. Mit besonderer Rücksicht auf Wien. Wien 1874, S. 7.
193 Peter Lichtenthal: Ideen zu einer Diätetik für die Bewohner Wiens, nebst Beyträgen zur medizinischen Topographie dieser Hauptstadt. Wien, 1810, S. 9.
194 W. Daniel: Wien. Der Straßenbau und dessen Conservirung. Prag 1893, S. 4.
195 Martin Paul: Technischer Führer durch Wien. Wien 1910, S. 128.
196 Adolf Schmidl: Wien und seine nächsten Umgebungen. Wien 1847, S. 129–130.
197 Alfred Hölder: Die Pflasterungsfrage in Wien. Wien 1877, S. 36.
198 Elmar Trampitsch: Wiener Verkehrspolitik zwischen bürgerlicher Revolution und Erstem Weltkrieg. Wien, Phil. Dipl.-Arb. 1992, S. 48.
199 Martin Paul: Technischer Führer durch Wien. Wien 1910, S. 126–127.
200 Klemens Dorn: Favoriten. Ein Heimatbuch des 10. Wiener Gemeindebezirkes. Wien 1928, S. 316.
201 Otto Krammer: Die Straßenkehrer. In: Ders.: Wiener Volkstypen. Von Buttenweibern, Zwiefel-Krowoten und anderen Wiener Originalen. Wien 1983, S. 122.
202 Franz Xaver Wasserberg: Ueber die Nothwendigkeit des Aufspritzens in den Städten in Absicht auf die Gesundheit; samt der k.k. hierüber ergangenen Verordnung. Wien o.J. (1782).
203 Alain Corbin: Pesthauch und Blütenduft. Frankfurt/Main 1988, S. 126.
204 Hannes Stekl: Österreichs Zucht- und Arbeitshäuser 1671–1920. Wien 1978, S. 31–32.
205 Hanns Kaspar: Ein Lied auf die neugeschorne Gesellschaft der Gassenkehrer in Wien. Wien 1782, S. 1, 4.
206 Josef Richter: Die Eipeldauer Briefe 1785–1813. Bd. 1. München 1917, S. 7, 14.
207 Ebd., S. 338 (Anmerkung von Gustav Gugitz).
208 Peter Lichtenthal: Ideen zu einer Diätetik für die Bewohner Wiens, nebst Beyträgen zur medizinischen Topographie dieser Hauptstadt. Wien 1810, S. 9.
209 Ebd., S. 58.
210 Jahresbericht des Wiener Stadtphysikates über seine Amtsthätigkeit im Jahre 1875. Wien 1876, S. 18.

211 Zit. nach Michael John, Albert Lichtblau: Schmelztiegel Wien – einst und jetzt. Zur Geschichte und Gegenwart von Zuwanderung und Minderheiten. Wien–Köln–Weimar 1993, S. 174.
212 Richard Müller: Zur Strassenreinigung. Ein Wort an die Bewohner Wiens. Wien 1872, S. 6.
213 Sylvia Mattl: Die »Assanierung« Wiens. In: Das Bad. Körperkultur und Hygiene im 19. und 20. Jahrhundert. Wien 1991, S. 62.
214 Fatalerweise bricht ausgerechnet im Weltausstellungsjahr eine Choleraepidemie aus, die rund 3000 Tote fordert. Da die ersten Erkrankungen im »Weltausstellungshotel« Donau auftreten, verlassen viele Besucher fluchtartig die Stadt oder stornieren ihre Buchungen. (Jutta Pemsel: Die Wiener Weltausstellung von 1873. Wien–Köln 1989, S. 79.)
215 Richard Müller: Zur Strassenreinigung. Ein Wort an die Bewohner Wiens. Wien 1872, S. 7.
216 Auch das bis dahin übliche, unter großem Lärm und Gestank vor sich gehende Treiben des Schlachtviehs von den Bahnhöfen durch die Straßen der Stadt hin zu den zahlreichen kommunalen Schlachthöfen wird im Jahr 1873 eingestellt und durch den Transport in speziellen Eisenbahnwaggons ersetzt. Vgl. dazu Hans-Christian Heintschel: Naturgerüche. In: Peter Payer, Hans-Christian Heintschel, Werner Michael Schwarz: Der Geruch der Stadt. Historische und aktuelle Gerüche in Wien. Hg. vom Verein »Punkt«. Unveröffentlichte Forschungsarbeit im Auftrag der MA 7/Kulturabteilung der Stadt Wien. Wien 1995, S. 35–37 (Hier finden sich auch weitere Bemerkungen über die Gerüche der Vieh-, Gemüse- und Obstmärkte).
217 Manfred Wehdorn: Die Bautechnik der Wiener Ringstraße. Bd. 1. Wiesbaden 1978, S. 173.
218 Friedrich Schlögl: Wien in den Morgenstunden. In: Die Wienerstadt. Lebensbilder aus der Gegenwart. Wien–Prag–Leipzig 1895, S. 17.
219 Reinhard Petermann: Wien im Staub. In: Neues Wiener Tagblatt. 4.4.1894, S. 1.
220 Martin Paul: Technischer Führer durch Wien. Wien 1910, S. 135–136.
221 Peter Frybert: 70 Jahre staubfreie Müllabfuhr in Wien: 1923–1993. Hg. von der Magistratsabteilung 48 – Stadtreinigung und Fuhrpark. Wien 1993, S. 9.
222 Theodor Weyl: Die Assanierung von Wien. Leipzig 1902, S. 99–100.
223 Peter Frybert: 70 Jahre staubfreie Müllabfuhr in Wien: 1923–1993. Hg. von der Magistratsabteilung 48 – Stadtreinigung und Fuhrpark. Wien 1993, S. 9.
224 Ebd., S. 19.
225 Von der Krotenlacken zum größten Bad Europas. In: Hans Hovorka: Republik »Konge«. Ein Schwimmbad erzählt seine Geschichte. Wien 1988, S. 49.
226 Peter Frybert: 70 Jahre staubfreie Müllabfuhr in Wien: 1923–1993. Hg. von der Magistratsabteilung 48 – Stadtreinigung und Fuhrpark. Wien 1993, S. 139.
227 Doorn van Rhin: Die Lösung der Wiener Kehrichtfrage beleuchtet vom wirtschaftlichen und hygienischen Standpunkt. Wien 1912, S. 8.
228 Klemens Dorn: Favoriten. Ein Heimatbuch des 10. Wiener Gemeindebezirkes. Wien 1928, S. 318–319.

229 Doorn van Rhin: Die Lösung der Wiener Kehrichtfrage beleuchtet vom wirtschaftlichen und hygienischen Standpunkt. Wien 1912, S. 6.
230 Ebd., S. 7–10.
231 Müllverbrennungsanlagen werden in Wien erst nach dem 2. Weltkrieg errichtet: Flötzersteig (1963), Spittelau (1971). Da es auch hier immer wieder zu Geruchsbelästigungen kam, mußten beide Großanlagen bereits mehrmals mit moderneren Rauchgasreinigungsanlagen ausgestattet werden.
232 Als Ersatz für die ehemaligen Ablageplätze wird 1978 eine riesige, weit außerhalb jeder Verbauung gelegene Mülldeponie am Rautenweg (22. Bezirk) eröffnet. Mit der Errichtung dieser heute einzigen Hausmülldeponie Wiens hofft man, dem Problem der Anrainerbelästigung ein für allemal zu entgehen. Die hier abgelagerten Materialien werden sofort verdichtet und mit Erde abgedeckt, wodurch der Windflug und damit die Geruchsbelästigung so gering wie möglich gehalten werden soll.
233 Eine wertvolle Vorarbeit zu diesem Thema findet sich in: Werner Michael Schwarz: Der Geruch der Industrie. In: Peter Payer, Hans-Christian Heintschel, Werner Michael Schwarz: Der Geruch der Stadt. Historische und aktuelle Gerüche in Wien. Hg. vom Verein »Punkt«. Unveröffentlichte Forschungsarbeit im Auftrag der MA 7/Kulturabteilung der Stadt Wien. Wien 1995, S. 89–108.
234 Ernst Benjamin Gottlieb Hebenstreit: Lehrsätze der medicinischen Polizeywissenschaft. Leipzig 1791, S. 30.
235 Nikolaus Theodor Mühlibach: Wien von seiner übelsten Seite betrachtet. Wien 1815, S. 104.
236 Werner Michael Schwarz: Der Geruch der Industrie. In: Peter Payer, Hans-Christian Heintschel, Werner Michael Schwarz: Der Geruch der Stadt. Historische und aktuelle Gerüche in Wien. Hg. vom Verein »Punkt«. Unveröffentlichte Forschungsarbeit im Auftrag der MA 7/Kulturabteilung der Stadt Wien. Wien 1995, S. 92.
237 Vgl. dazu Franz-Josef Brüggemeier: Stadtluft. Luftverschmutzung und Luftreinhaltung in der ersten Hälfte des 19. Jahrhunderts. In: Jürgen Reulecke, Adelheid Gräfin zu Castell Rüdenhausen: Stadt und Gesundheit. Zum Wandel von »Volksgesundheit« und kommunaler Gesundheitspolitik im 19. und frühen 20. Jahrhundert. Stuttgart 1991, S. 55.
238 Werner Michael Schwarz: Der Geruch der Industrie. In: Peter Payer, Hans-Christian Heintschel, Werner Michael Schwarz: Der Geruch der Stadt. Historische und aktuelle Gerüche in Wien. Hg. vom Verein »Punkt«. Unveröffentlichte Forschungsarbeit im Auftrag der MA 7/Kulturabteilung der Stadt Wien. Wien 1995, S. 93.
239 Ebd., S. 92.
240 Jahresbericht des Wiener Stadtphysikates über seine Amtsthätigkeit im Jahre 1880. Wien 1881, S. 19.
241 Werner Michael Schwarz: Der Geruch der Industrie. In: Peter Payer, Hans-Christian Heintschel, Werner Michael Schwarz: Der Geruch der Stadt. Historische und aktuelle Gerüche in Wien. Hg. vom Verein »Punkt«. Unveröffentlichte For-

schungsarbeit im Auftrag der MA 7/Kulturabteilung der Stadt Wien. Wien 1995, S. 95.
242 Jahresbericht des Wiener Stadtphysikates über seine Amtsthätigkeit im Jahre 1873. Wien 1874, S. 8.
243 Josef Novak: Die sanitären Verhältnisse des Wienflusses. In: Mittheilungen der Österreichischen Gesellschaft für Gesundheitspflege. Bd. 2. Wien 1883, S. 46.
244 Günther Chaloupek: Industriestadt Wien. In: Ders., Peter Eigner, Michael Wagner: Wien. Wirtschaftsgeschichte 1740–1938. Teil 1. Wien 1991, S. 306.
245 Felix Czeike: Historisches Lexikon Wien. Bd. 3. Wien 1994, S. 308.
246 Franz-Josef Brüggemeier: Stadtluft. Luftverschmutzung und Luftreinhaltung in der ersten Hälfte des 19. Jahrhunderts. In: Jürgen Reulecke, Adelheid Gräfin zu Castell Rüdenhausen: Stadt und Gesundheit. Zum Wandel von »Volksgesundheit« und kommunaler Gesundheitspolitik im 19. und frühen 20. Jahrhundert. Stuttgart 1991, S. 52–53.
247 Zit. nach Dietrich Milles: Am Rande. Zur Auslagerung industrieller Pathogenität aus kommunaler Gesundheitspolitik um die Jahrhundertwende. In: Jürgen Reulecke, Adelheid Gräfin zu Castell Rüdenhausen: Stadt und Gesundheit. Zum Wandel von »Volksgesundheit« und kommunaler Gesundheitspolitik im 19. und frühen 20. Jahrhundert. Stuttgart 1991, S. 150.
248 Elim Henri d'Avigdor: Das Wohlsein der Menschen in Grosstädten. Mit besonderer Rücksicht auf Wien. Wien 1874, S. 38.
249 Josef Novak: Der Rauch in gesundheitlicher Beziehung. In: Mittheilungen der Österreichischen Gesellschaft für Gesundheitspflege. Bd. 1. Wien 1881–1882, S. 1.
250 Ebd., S. 3–4.
251 Ebd., S. 6.
252 Ebd., S. 12.
253 Zit. nach Stefan Fisch: Die zweifache Intervention der Städte. Stadtplanerische Zukunftsgestaltung und Kontrolle der Wohnverhältnisse um 1900. In: Jürgen Reulecke, Adelheid Gräfin zu Castell Rüdenhausen: Stadt und Gesundheit. Zum Wandel von »Volksgesundheit« und kommunaler Gesundheitspolitik im 19. und frühen 20. Jahrhundert. Stuttgart 1991, S. 100.
254 Günther Chaloupek: Industriestadt Wien. In: Ders., Peter Eigner, Michael Wagner: Wien. Wirtschaftsgeschichte 1740–1938. Teil 1. Wien 1991, S. 308, 425.
255 Zit. nach Werner Michael Schwarz: Der Geruch der Industrie. In: Peter Payer, Hans-Christian Heintschel, Werner Michael Schwarz: Der Geruch der Stadt. Historische und aktuelle Gerüche in Wien. Hg. vom Verein »Punkt«. Unveröffentlichte Forschungsarbeit im Auftrag der MA 7/Kulturabteilung der Stadt Wien. Wien 1995, S. 97.
256 Jahresbericht des Wiener Stadtphysikates über seine Amtsthätigkeit im Jahre 1873. Wien 1874, S. 11.
257 Jahresbericht des Wiener Stadtphysikates über seine Amtsthätigkeit im Jahre 1880. Wien 1881, S. 20.

258 Gesetz vom 17. Jänner 1883, womit eine Bauordnung für die k.k. Reichshaupt- und Residenzstadt Wien erlassen wird. Zit. nach Allgemeine Rauchfangkehrer-Zeitung, Nr.17, 1891, S. 2.
259 Brigittenauer Heimat. Hg. von der Arbeitsgemeinschaft der Lehrerschaft des XX. Bezirks. Wien 1920, S. 105.
260 Josef Novak: Der Rauch in gesundheitlicher Beziehung. In: Mittheilungen der Österreichischen Gesellschaft für Gesundheitspflege. Bd. 1. Wien 1881–1882, S. 14.
261 Über die Bemühungen des Gemeinderates um eine funktionale Entflechtung der Stadt vgl. Werner Michael Schwarz: Der Geruch der Industrie. In: Peter Payer, Hans-Christian Heintschel, Werner Michael Schwarz: Der Geruch der Stadt. Historische und aktuelle Gerüche in Wien. Hg. vom Verein »Punkt«. Unveröffentlichte Forschungsarbeit im Auftrag der MA 7/Kulturabteilung der Stadt Wien. Wien 1995, S. 101–103.
262 Georg Günther: Lebenserinnerungen. Wien 1936, S. 43.
263 Ebd., S. 44.
264 Bernhard Denscher: Rauchende Schlote, zufriedene Menschen. Mythen der Industriekultur. In: Magie der Industrie. Leben und Arbeiten im Fabrikszeitalter. Katalog der niederösterreichischen Landesausstellung 1989. Wien–München 1989, S. 35–37.
265 Joseph Roth: Der Rauch verbindet Städte. In: Ders.: Panoptikum. Gestalten und Kulissen. Köln 1983, S. 20.
266 Josef Novak: Lehrbuch der Hygiene. Wien 1881, S. 672.
267 Dr. Wiener: Über die Luft und Luftverunreinigungen. In: Volksschriften der Österreichischen Gesellschaft für Gesundheitspflege. Wien 1897, S. 57–58.
268 Werner Michael Schwarz: Der Geruch der Industrie. In: Peter Payer, Hans-Christian Heintschel, Werner Michael Schwarz: Der Geruch der Stadt. Historische und aktuelle Gerüche in Wien. Hg. vom Verein »Punkt«. Unveröffentlichte Forschungsarbeit im Auftrag der MA 7/Kulturabteilung der Stadt Wien. Wien 1995, S. 98.
269 Vgl. dazu Max Edler von Leber: Die Ausstellung rauchverzehrender Apparate (Smoke-Abatement-Exhibition) in London im Winter 1881–1882. Ein Bericht an das k.k. Handelsministerium ueber eine in Folge hohen Auftrages unternommene Studienreise. Wien 1882.
270 Allgemeine Rauchfangkehrer-Zeitung, Nr.5, 1891, S. 5.
271 Allgemeine Rauchfangkehrer-Zeitung, Nr.23, 1891, S. 4.
272 Zeitschrift für Gewerbe-Hygiene, Unfall-Verhütung und Arbeiter-Wohlfahrts-Einrichtungen 13 (1906), S. 287.
273 Zit. nach Günther Chaloupek: Industriestadt Wien. In: Ders., Peter Eigner, Michael Wagner: Wien. Wirtschaftsgeschichte 1740–1938. Teil 1. Wien 1991, S. 426.
274 Ebd., S. 427.
275 Helmut Angelmahr: Transport: Die Überwindung der Distanzen. In: Günther Chaloupek/Peter Eigner/Michael Wagner: Wien. Wirtschaftsgeschichte 1740–1938. Teil 2. Wien 1991, S. 891.
276 Ebd., S. 892.

277 Zit. nach Andrea Schnöller, Sigrid Maria Steininger: Luxus und Automobilismus. Die Anfänge von Autoindustrie und Autoverkehr. In: Magie der Industrie. Katalog der NÖ Landesausstellung 1989. Wien–München 1989, S. 343.

278 Michael Freiherr von Pidoll: Der heutige Automobilismus. Wien 1912, S. III.

279 Ebd., S. 14.

280 Ebd., S. 3–4.

281 Ebd., S. 11.

282 Zit. nach Roman Sandgruber: Das Auto. In: Beiträge zur historischen Sozialkunde, Nr.2/87, S. 66.

283 D.B. Delavan: Über den Einfluß des Automobilsports auf die oberen Luftwege. In: Vierteljahresschrift für Gesundheitspflege. Wien 1911, S. 130–131.

284 Hans Seper: Damals als die Pferde scheuten. Wien 1968, S. 74.

285 Michael Freiherr von Pidoll: Der heutige Automobilismus. Wien 1912, S. 4.

286 Helmut Angelmahr: Transport: Die Überwindung der Distanzen. In: Günther Chaloupek/Peter Eigner/Michael Wagner: Wien. Wirtschaftsgeschichte 1740–1938. Teil 2. Wien 1991, S. 891, 896.

287 Ebd., S. 893.

288 Michael Freiherr von Pidoll: Der heutige Automobilismus. Wien 1912, S. 4.

289 Automobil-Verkehrs-Zeitung 1912. Zit. nach H. Angelmahr: Transport, S. 898.

290 Helmut Angelmahr: Transport: Die Überwindung der Distanzen. In: Günther Chaloupek/Peter Eigner/Michael Wagner: Wien. Wirtschaftsgeschichte 1740–1938. Teil 2. Wien 1991, S. 898.

291 Ebd., S. 899.

292 Klaus Bürger: Die Entwicklung des Wiener Verkehrswesens von 1960 bis 1991. Wien, Phil. Dipl.-Arb. 1992, S. 85.

293 Arbeiterkammer (Hg.): Vorschläge zu einem neuen Verkehrskonzept. Wien 1992, S. 3.

294 Bundesministerium für wirtschaftliche Angelegenheiten: Straßenverkehrszählung Jänner 1994, S. 3.

295 Peter M. Bode, Sylvia Hamberger, Wolfgang Zängl: Alptraum Auto. München 1991, S. 147–155.

296 Gesunde Stadt. Magazin des WHO Projektes: »Wien – gesunde Stadt«. Wien 1994, S. 6.

297 Magistrat der Stadt Wien/MA 18 (Hg.): Verkehrskonzept Wien. Generelles Maßnahmenprogramm. (= Beiträge zur Stadtforschung, Stadtentwicklung und Stadtgestaltung, Bd. 52). Wien 1994, S. 20.

298 Generelles Projekt Gürtel-West. Kurzbericht. Wien 1991, S. 56.

299 Elizabeth T. Spira: Die dunkle Seite der Stadt. Der Gürtel. In: Wien wirklich. Der Stadtführer. Hg. von Renate Banik-Schweitzer u.a. Wien 1992, S. 215.

300 Österreichische Akademie der Wissenschaften/Kommission für Reinhaltung der Luft: Umweltwissenschaftliche Grundlagen und Zielsetzungen im Rahmen des Nationalen Umweltplans für die Bereiche Klima, Luft, Geruch und Lärm. Wien 1993, S. 5.4.

301 Stadtplanung Wien (Hg.): STEP 1994. Stadtentwicklungsplan für Wien. Wien 1994, S. 167.

Literaturverzeichnis

Adler, Heinrich: Hygienischer Führer durch Wien. Wien 1887.

Alexis, Willibald: Wiener Bilder. Leipzig 1833.

Allgemeine Rauchfangkehrer-Zeitung. Organ für Fach- und genossenschaftliche Interessen der Rauchfangkehrer Österreich-Ungarns. Wien 1891.

Anwander, Berndt: Unterirdisches Wien. Ein Führer in den Untergrund Wiens. Wien 1993.

Arbeiterkammer (Hg.): Vorschläge zu einem neuen Verkehrskonzept. Wien 1992.

Aroma, Aroma. Versuch über den Geruch. Katalog zur gleichnamigen Ausstellung des Museums für Gestaltung Basel. Basel 1996.

Artmann, H.C.: med ana schwoazzn dintn. gedichta r aus bradnsee. Salzburg 1958.

Atzinger, Franz, Grave, Heinrich: Geschichte und Verhältnisse des Wien-Flusses sowie Anträge für dessen Regulirung und Nutzbarmachung mit Rücksichtnahme auf die jetzigen allgemeinen und localen Anforderungen. Wien 1874.

Banik-Schweitzer, Renate (Hg.): Wien wirklich. Der Stadtführer. Wien 1992.

Barlösius, Eva: Über den Geruch. Langfristige Wandlungen der Wahrnehmung, Kontrolle und Gestaltung von Riechendem. In: Kuzmics, Helmut/Mörth, Ingo (Hg.): Der unendliche Prozeß der Zivilisation. Zur Kulturgeschichte der Moderne nach Norbert Elias. Frankfurt/Main–New York 1991, S. 243–256.

Beraneck, H.: Eingeölte Pissoire mit Oelabschluss. In: Zeitschrift des österreichischen Ingenieur- und Architektenvereines. Nr. 36. 1892, S. 474–475.

Beraneck H.: Die Wiener Bedürfnisanstalten System Beetz. In: Zeitschrift des österreichischen Ingenieur- und Architektenvereines. Nr. 49. 1905, S. 679–681.

Berndt, Heide: Hygienebewegung des 19. Jahrhunderts als vergessenes Thema von Stadt- und Architektursoziologie. In: Zeitschrift für Stadtgeschichte, Stadtsoziologie und Denkmalpflege 14 (1987), S. 140–163.

Bode, Peter M., Hamberger Sylvia, Zängl Wolfgang: Alptraum Auto. Eine hundertjährige Erfindung und ihre Folgen. München 1991.

Böhmerle, Karl: 100 Jahre Firma Beetz 1883 – 1983. Unveröffentlichte Festschrift. Wien o.J. (1983).

Bosing, Joseph: Versuch einer medizinischen Topographie von Wien. In: Medizinisches Archiv von Wien und Oesterreich vom Jahre 1800. Wien 1801.

Brigittenauer Heimat. Hg. von der Arbeitsgemeinschaft der Lehrerschaft des XX. Bezirks. Wien 1920.

Bundesministerium für wirtschaftliche Angelegenheiten (Hg.): Straßenverkehrszählung 1994.

Bürger, Klaus: Die Entwicklung des Wiener Verkehrswesens von 1960 bis 1991. Wien 1992.

Burg, Thomas N.: »Sieches Volk macht siechen Staat«. Arzt, Stand und Staat im 19. Jahrhundert. Wien 1994.

Chaloupek, Günther, Eigner, Peter, Wagner, Michael: Wien. Wirtschaftsgeschichte 1740 – 1938. 2 Teile. Wien 1991.

Corbin, Alain: Pesthauch und Blütenduft. Eine Geschichte des Geruchs. Frankfurt/M. 1988.

Csendes, Peter: Geschichte Wiens. Wien 1981.

Czeike, Felix: Historisches Lexikon Wien. Bd. 1–4. Wien 1992–1995.

Czeike, Felix: Landpartien und Sommeraufenthalte. Die Entwicklung vom ausgehenden 17. bis zur Mitte des 19. Jahrhunderts. In: Wiener Geschichtsblätter 43 (1988), Heft 3, S. 41–64.

Daniel, W.: Wien. Der Straßenbau und dessen Conservirung. Prag 1893.

D'Avigdor, Elim Henri: Der Wienfluß und die Wohnungsnot. Ein Vorschlag. Wien 1873.

D'Avigdor, Elim Henri: Das Wohlsein der Menschen in Grosstädten. Mit besonderer Rücksicht auf Wien. Wien 1874.

Delavan, D.B.: Über den Einfluß des Automobilsports auf die oberen Luftwege. In: Vierteljahrsschrift für Gesundheitspflege. Wien 1911, S. 130–131.

Denscher, Bernhard: Rauchende Schlote, zufriedene Menschen. In: Magie der Industrie. Leben und Arbeiten im Fabrikszeitalter. Katalog der niederösterreichischen Landesausstellung 1989. Wien–München 1989, S. 34–45.

Desinfektions-Ordnung der Stadt Wien vom 2. 10.1924. Wien 1924.

Dienstordnung für die Todtengräber auf den fünf Leichenhöfen der k.k. Haupt- und Residenzstadt Wien. Wien 1826.

Döcker, Ulrike: Die Ordnung der bürgerlichen Welt. Verhaltensideale und soziale Praktiken im 19. Jahrhundert. Frankfurt/Main–New York 1994.

Doorn, van Rhin: Die Lösung der Wiener Kehrichtfrage beleuchtet vom wirtschaftlichen und hygienischen Standpunkt. Wien 1912.

Dorn, Klemens: Favoriten. Ein Heimatbuch des 10. Wiener Gemeindebezirkes. Wien 1928.

Dragstra, Rolf: Der witternde Prophet. Über die Feinsinnigkeit der Nase. In: Kamper, Dietmar/Wulf, Christoph (Hg.): Das Schwinden der Sinne. Frankfurt/Main 1984, S. 159–178.

Eckhard: Physikalisch-historische Abhandlung über den Nutzen und Notwendigkeit der Entfernung deren Begräbnissen und Abschaffung aller Krüften und Kirchhöfe inner den Linien, deren giftige Ausdünstungen die Gegenden Wiens fieberträchtig machen. Wien–Leipzig 1784.

Elias, Norbert: Über den Prozeß der Zivilisation. Soziogenetische und psychogenetische Untersuchungen. Bd. 1. Frankfurt/Main 1977.

Faure, Paul: Magie der Düfte. Eine Kulturgeschichte der Wohlgerüche. München 1993.

Fischer, Gerhard: Die Blumen des Bösen. 2. Kapitel. Das Leben der infamen Menschen im Kreislauf der Internierung. Materialien zur gleichnamigen Ausstellung von »daedalus«. Wien 1994.

Frank, Johann Peter: System einer vollständigen medicinischen Polizey. Bd. 1 (2. Aufl.). Mannheim 1784. Bd. 3. Mannheim 1783.

Frey, Wolf/Grün, Heinrich: Das Nasenbuch. Frankfurt/Main 1994.

Friedmann, Alexander: Die Luftreinigung grosser Städte durch Ventilation und Miasmenverbrennung mit besonderer Bezugnahme auf die Verhältnisse der Reichshaupt- und Residenzstadt Wien. Wien 1866.

Frybert, Peter: 70 Jahre staubfreie Müllabfuhr in Wien: 1923–1993. Hg. von der MA 48/Stadtreinigung und Fuhrpark. Wien 1993.

Offizieller Führer durch die Hygiene Ausstellung Wien 1925. Wien 1925.

Generelles Projekt Gürtel-West. Kurzbericht. Wien 1991.

Gesunde Stadt. Magazin des WHO-Projektes »Wien – gesunde Stadt«. Wien 1994.

Ghinopoulo, Sophokles: Die hygienischen Verhältnisse Wiens im Anfange des 19. Jahrhunderts. In: Volksgesundheit. Zeitschrift für soziale Hygiene 2 (1928), Heft 11, S. 231–237.

Gollmann, Wilhelm: Aerztliche Winke für die Neugestaltung Wien's. Wien 1858.

Gleichmann, Peter Reinhart: Die Verhäuslichung körperlicher Verrichtungen. In: Ders., Goudsblom, Johan, Korte, Hermann (Hg.): Materialien zu Norbert Elias' Zivilisationstheorie. Frankfurt/Main 1979, S. 254–278.

Göckenjan, Gerd: Kurieren und Staat machen. Gesundheit und Medizin in der bürgerlichen Welt. Frankfurt/Main 1985.

Goudsblom, Johan: Zivilisation, Ansteckungsangst und Hygiene. Betrachtungen über einen Aspekt des europäischen Zivilisationsprozesses. In: Gleichmann, Peter Reinhart, Goudsblom, Johan, Korte, Hermann (Hg.): Materialien zu Norbert Elias' Zivilisationstheorie. Frankfurt/Main 1979, S. 215–253.

Gruber, Max: Über Desinfection. In: Mittheilungen der Österreichischen Gesellschaft für Gesundheitspflege. Bd. 3. Wien 1884, S. 38–45.

Günther, Georg: Lebenserinnerungen. Wien 1936.

Hebenstreit, Ernst Benjamin Gottlieb: Lehrsätze der medicinischen Polizeywissenschaft. Leipzig 1791.

Heintschel, Hans-Christian: Naturgerüche. In: Payer, Peter, Heintschel, Hans-Christian, Schwarz, Werner Michael: Der Geruch der Stadt. Historische und aktuelle Gerüche in Wien. Hg. vom Verein »Punkt«. Unveröffentlichte Forschungsarbeit im Auftrag der MA 7/Kulturabteilung der Stadt Wien. Wien 1995, S. 13–54.

Hölder, Alfred: Die Pflasterungsfrage in Wien. Wien 1877.

Hovorka, Hans: Republik »Konge«. Ein Schwimmbad erzählt seine Geschichte. Wien 1988.

Jahresbericht des Wiener Stadtphysikates über seine Amtsthätigkeit im Jahre 1873. Wien 1874.

Jahresbericht des Wiener Stadtphysikates über seine Amtsthätigkeit im Jahre 1874. Wien 1875.

Jahresbericht des Wiener Stadtphysikates über seine Amtsthätigkeit im Jahre 1875. Wien 1876.

Jahresbericht des Wiener Stadtphysikates über seine Amtsthätigkeit im Jahre 1876. Wien 1877.

Jahresbericht des Wiener Stadtphysikates über seine Amtsthätigkeit im Jahre 1877. Wien 1878.

Jahresbericht des Wiener Stadtphysikates über seine Amtsthätigkeit im Jahre 1878. Wien 1879.

Jahresbericht des Wiener Stadtphysikates über seine Amtsthätigkeit im Jahre 1880. Wien 1881.

Jahresbericht des Wiener Stadtphysikates über seine Amtsthätigkeit im Jahre 1891. Wien 1892.

Janisch, Heinz (Hg.): Salbei & Brot. Gerüche der Kindheit. Wien 1992.

Janzek, Elfriede: Probleme der Volksgesundheit und Hygiene und Bemühungen um eine soziale Heilkultur unter besonderer Berücksichtigung der Wiener Bevölkerung. Wien, Phil. Dipl.-Arb. 1988.

John, Michael, Lichtblau, Albert: Schmelztiegel Wien – einst und jetzt. Zur Geschichte und Gegenwart von Zuwanderung und Minderheiten. Wien–Köln–Weimar 1993.

Junker, Ermar: Die Entwicklung des Gesundheitswesens in Wien. In: Wien aktuell, Heft VI, Dezember 1985.

Kammerer, Emil: Die Frage der Beseitigung der Abfallstoffe der Grosscommune Wien. Denkschrift der Section für öffentliche Gesundheitspflege des Wiener medicinischen Doctoren-Collegiums. Wien 1881.

Kaspar, Hanns: Ein Lied auf die neugeschorne Gesellschaft der Gassenkehrer in Wien. Wien 1782.

Katalog der während der Dauer des Congresses veranstalteten Internationalen hygienisch-deomographischen Ausstellung. Wien 1887.

Offizieller Katalog der unter dem höchsten Protektorate Sr. k. u. k. Hoheit des Durchlauchtigsten Herrn Erzherzogs Leopold Salvator stehenden Allgemeinen Hygienischen Ausstellung Wien–Rotunde 1906. Hg. von Direktor Josef Gally. Wien 1906.

Kiechle-Klemt, Erika, Sünwoldt, Sabine: Anrüchig. Bedürfnisanstalten in der Großstadt. Hg. vom Stadtarchiv München. München 1990.

Kläger, Emil: Durch die Quartiere der Not und des Verbrechens. Wien um die Jahrhundertwende. Wien o.J. (Reprint von: Durch die Wiener Quartiere des Elends und Verbrechens. Wien 1908).

Kosler, Hans Christian: Peter Altenberg. Leben und Werk in Texten und Bildern. Frankfurt/Main 1984.

Krammer, Otto: Wiener Volkstypen. Von Buttenweibern, Zwiefel-Krowoten und anderen Wiener Originalen. Wien 1983.

Krieger, Joseph: Der Werth der Ventilation. Straßburg 1899.

Kundmachungen und Vorschriften betreffend die Kanal- und Senkgrubenräumung in Wien 1873–1893. Wien 1893.

Leber, Max Edler von: Die Ausstellung rauchverzehrender Apparate (Smoke-Abatement-Exhibition) in London im Winter 1881–1882. Ein Bericht an das k.k. Handelsministerium ueber eine in Folge hohen Auftrages unternommene Studienreise. Wien 1882.

Leguérer, Annik: Die Macht der Gerüche. Eine Philosophie der Nase. Stuttgart 1992.

Lichtenthal, Peter: Ideen zu einer Diaetetik für die Bewohner Wiens nebst Beyträgen zur medizinischen Topographie dieser Hauptstadt. Wien 1810.

Magistrat der Stadt Wien: Umweltbericht Luft 1992/93. (= Beiträge zum Umweltschutz, Heft 32). Wien 1994.

Magistrat der Stadt Wien/MA 18 (Hg.): Verkehrskonzept Wien. Generelles Maßnahmenprogramm. (= Beiträge zur Stadtforschung, Stadtentwicklung und Stadtgestaltung, Bd. 52). Wien 1994.

Mattl, Sylvia : Die »Assanierung« Wiens. In: Das Bad. Körperkultur und Hygiene im 19. und 20. Jahrhundert. Ausstellungskatalog. Hg. vom Historischen Museum der Stadt Wien. Wien 1991.

Mühlibach, Nikolaus Theodor: Wien von seiner übelsten Seite betrachtet. Ein Beytrag zur ärztlichen Erhaltungs- und Sicherheitspflege dieser Hauptstadt. Wien 1815.

Müller, Richard: Zur Strassenreinigung. Ein Wort an die Bewohner Wiens. Wien 1872.

Novak, Josef: Lehrbuch der Hygiene. Wien 1881.

Novak, Josef: Der Rauch in gesundheitlicher Beziehung. In: Mittheilungen der Österreichischen Gesellschaft für Gesundheitspflege. Bd. 1. Wien 1881/82, S. 1–21.

Novak, Josef: Die sanitären Verhältnisse des Wienflusses. In: Mittheilungen der Österreichischen Gesellschaft für Gesundheitspflege. Bd. 2. Wien 1883, S. 42–59.

Österreichische Akademie der Wissenschaften/Kommission für Reinhaltung der Luft: Umweltwissenschaftliche Grundlagen und Zielsetzungen im Rahmen des Nationalen Umweltplans für die Bereiche Klima, Luft, Geruch und Lärm. Wien 1993.

Paul, Martin: Technischer Führer durch Wien. Wien 1910.

Payer, Peter: Stadthygiene und Geruch. In: Payer, Peter, Heintschel, Hans-Christian, Schwarz, Werner Michael: Der Geruch der Stadt. Historische und aktuelle Gerüche in Wien. Hg. vom Verein »Punkt«. Unveröffentlichte Forschungsarbeit im Auftrag der MA 7/Kulturabteilung der Stadt Wien. Wien 1995, S. 55–88.

Payer, Peter, Heintschel, Hans-Christian, Schwarz, Werner Michael: Der Duft der Stadt. Beiträge zu einer Geruchsgeschichte von Wien. In: Wiener Geschichtsblätter 51 (1996), Heft 1, S. 1–36.

Payer, Peter: Geburtshelfer der Hygiene [Zur Geschichte der Mistbauern und Straßenreiniger in Wien]. In: Wiener Zeitung, Extra, 5.7.1996, S. 8.

Payer, Peter: »Ka Flida ned.« [Zur Geschichte der Bedürfnisanstalten in Wien]. In: Die Presse, Spectrum, 3.8.1996, S. IV.

Pemsel, Jutta: Die Wiener Weltausstellung von 1873. Wien-Köln 1989.

Petermann, Reinhard: Wien im Staub. In: Neues Wiener Tagblatt, 4.4.1894, S. 1–2.

Pettenkofer, Max von: Untersuchungen und Beobachtungen über die Verbreitungswege der Cholera. München 1855.

Pettenkofer, Max von: Beziehungen der Luft zur Kleidung, Wohnung und Boden. Braunschweig 1872.

Petzold, Alfons: Einmal werden sich die Tage ändern ... Wien–Graz 1959.

Pezzl, Johann: Skizze von Wien. Ein Kultur- und Sittenbild aus der josephinischen Zeit. Hg. von Gustav Gugitz und Anton Schlossar. Graz 1923 (Reprint der Originalausgabe von 1803).

Pidoll, Michael Freiherr von: Der heutige Automobilismus. Ein Protest und Weckruf. Wien 1912.

Pircher, Wolfgang, Pribersky, Andreas: Die Gesundheit, die Polizei und die Cholera. In: Verein für Geschichte der Stadt Wien (Hg.): Wien im Vormärz. Wien 1980, S. 202–214.

Reulecke, Jürgen, Gräfin zu Castell Rüdenhausen, Adelheid (Hg.): Stadt und Gesundheit. Zum Wandel von »Volksgesundheit« und kommunaler Gesundheitspolitik im 19. und frühen 20. Jahrhundert. Stuttgart 1991.

Raulff, Ulrich: Chemie des Ekels und des Genusses. In: Kamper, Dietmar, Wulf, Christoph (Hg.): Die Wiederkehr des Körpers. Frankfurt/Main 1982, S. 241–258.

Reinsch, D.: Ein Stadtplan der Gerüche: München hat die erste Duftkarte Deutschlands. In: Bauwelt 84 (1993), Heft 32, S. 1688–1690.

Richter, Joseph: Die Eipeldauer Briefe 1785–1813. Bd. 1. München 1917.

Riedel, Josef: Die Luft und das Grundwasser von Wien in hygienischer Beziehung. In: Mittheilungen der Österreichischen Gesellschaft für Gesundheitspflege. Bd. 2. Wien 1883, S. 153–179.

Das Riechen. Von Nasen, Düften und Gestank. Schriftenreihe Forum, Bd. 5. Hg. von der Kunst- und Ausstellunshalle der Bundesrepublik Deutschland GmbH. Göttingen 1995.

Rigele, Brigitte: Sardellendragoner und Fliegenschütz. Vom Pferde im Alltag der Stadt. Ausstellungskatalog des Wiener Stadt- und Landesarchivs, Heft 45. Wien 1995.

Rimmel, Eugene: Magie der Düfte. Die klassische Geschichte des Parfüms. Stuttgart 1993.

rk-aktuell. 31.10.1996.

Rodenstein, Marianne: »Mehr Licht, mehr Luft«. Gesundheitskonzepte im Städtebau seit 1750. Frankfurt/Main–New York 1988.

Roth, Joseph: Juden auf Wanderschaft. Berlin 1927.

Roth, Joseph: Panoptikum. Gestalten und Kulissen. Köln 1983.

Rubner, Max: Lehrbuch der Hygiene. Leipzig–Wien 1892.

Sandgruber, Roman: Das Auto. In: Beiträge zur historischen Sozialkunde, Nr.2/87, S. 63–69.

Scherpe, Klaus R.: Die Unwirklichkeit der Städte. Großstadtdarstellungen zwischen Moderne und Postmoderne. Reinbek bei Hamburg 1988.

Schluß-Bericht über die unter dem höchsten Protektorate Seiner kaiserlichen und königlichen Hoheit, des Durchlauchtigsten Herrn Erzherzogs Leopold Salvator stattgehabte Allgemeine Hygienische Ausstellung in Wien–Rotunde 1906. Wien 1906.

Schmeltzl, Wolfgang: Ein Lobspruch der Stadt Wien in Österreich. Wien 1548. (Sprachlich erneuert und bearbeitet von August Silberstein. Wien–Pest–Leipzig 1892.)

Schmidl, Adolf: Wien und seine nächsten Umgebungen. Wien 1847.

Schnöller, Andrea, Steininger, Siegrid Maria: Luxus und Automobilismus. In: Magie der Industrie. Leben und Arbeiten im Fabrikszeitalter. Katalog der niederösterreichischen Landesausstellung 1989. Wien–München 1989, S. 340–349.

Schwarz, Werner Michael: Der Geruch der Industrie. Die Wahrnehmung gewerblicher Gerüche im Wien des 19. Jahrhunderts. In: Payer, Peter, Heintschel, Hans-Christian, Schwarz, Werner Michael: Der Geruch der Stadt. Historische und aktuelle Gerüche in Wien. Hg. vom Verein »Punkt«. Unveröffentlichte Forschungsarbeit im Auftrag der MA 7/Kulturabteilung der Stadt Wien. Wien 1995, S. 89–108.

Schwarz, Werner Michael: Wie riecht Wien? Ein Streifzug. In: Die Presse vom 2./3.12.1995 (Spectrum), S. I-II.

Senfelder, Leopold: Geschichte des Wiener Stadtphysikates. Wien 1908.

Seper, Hans: Damals als die Pferde scheuten. Die Geschichte der österreichischen Kraftfahrt. Wien 1968.

Simson, John von: Kanalisation und Stadthygiene im 19. Jahrhundert (= Technikgeschichte in Einzeldarstellungen, Nr. 39). Düsseldorf 1983.

Stadtplanung Wien (Hg.): STEP 1994. Stadtentwicklungplan für Wien (= Beiträge zur Stadtforschung, Stadtentwicklung und Stadtgestaltung, Bd. 53). Wien 1994.

Stekl, Hannes: Österreichs Zucht- und Arbeitshäuser 1671–1920. Habilitationsschrift. Wien 1978.

Stifter, Adalbert: Aus dem alten Wien. Zwölf Erzählungen. Frankfurt/Main 1986 (Reprint von 1844).

Stock, Ulrich: Ah oh, mmmh, ah – iih! »Aroma, Aroma« – das Basler Museum für Gestaltung stellt Gerüche aus. In: Die Zeit, Nr. 26 vom 23.6.1995, S. 68.

Süskind, Patrick: Das Parfum. Die Geschichte eines Mörders. Zürich 1985.

Trampitsch, Elmar: Wiener Verkehrspolitik zwischen bürgerlicher Revolution und Erstem Weltkrieg. Wien, Phil. Dipl.-Arb. 1992.

Uitz, Alexander: Luftige sonnendurchflutete Räume. Hygienische Konzeptionen gesunder Wohnarchitektur. Wien, Phil. Dipl.-Arb. 1994.

Wagner, Christoph: Von der Philosophie der Nase. In: Die schönen Dinge des Lebens. Profil, Nr. 49 vom 5.12.1994, S. 91–92.

Wasserberg, Franz Xaver August: Ueber die Nothwendigkeit des Aufspritzens in den Städten in Absicht auf die Gesundheit; samt der k.k. hierüber ergangenen Verordnung. Wien o.J. (1782).

Wehdorn, Manfred: Die Bautechnik der Wiener Ringstraße. Bd. 1–3. Wiesbaden 1978.

Wertheim, D.Z.: Versuch einer medicinischen Topographie von Wien. Wien 1810.

Weyl, Theodor: Die Assanierung von Wien. Leipzig 1902.

Wiener, Dr.: Über die Luft und Luftverunreinigungen. In: Volksschriften der Österreichischen Gesellschaft für Gesundheitspflege, Nr. 7. Wien 1897.

Wienerstadt. Lebensbilder aus der Gegenwart. Prag–Wien–Leipzig 1895.

Wien's sanitäre Verhältnisse und Einrichtungen. Wien 1881.

Wildgans, Anton: Sämtliche Werke. Bd. 1. Wien–Salzburg 1948.

Winter, Max: Im dunkelsten Wien. Wien 1904.

Zeitschrift für Gewerbe-Hygiene, Unfall-Verhütung und Arbeiter-Wohlfahrts-Einrichtungen 13 (1906).

Bildnachweis

S. 25:	Österreichische Nationalbibliothek/Bildarchiv
S. 31:	Aus: Alain Corbin: Pesthauch und Blütenduft. Frankfurt/Main 1988, S. 85.
S. 41:	Historisches Museum der Stadt Wien
S. 47:	Aus: Max Rubner: Lehrbuch der Hygiene. Leipzig–Wien 1892, S. 40.
S. 48:	Österreichische Nationalbibliothek/Bildarchiv
S. 57:	Historisches Museum der Stadt Wien
S. 63:	Historisches Museum der Stadt Wien
S. 64:	Historisches Museum der Stadt Wien
S. 65:	Historisches Museum der Stadt Wien
S. 69:	Fotoarchiv Christian Brandstätter (Fotograf: Drawe Hermann, 1904)
S. 70:	Fotoarchiv Christian Brandstätter (Fotograf: Drawe Hermann, 1904)
S. 75:	Historisches Museum der Stadt Wien
S. 85:	Historisches Museum der Stadt Wien
S. 86:	Historisches Museum der Stadt Wien
S. 89:	Historisches Museum der Stadt Wien
S. 90:	Historisches Museum der Stadt Wien
S. 99:	Historisches Museum der Stadt Wien
S. 100:	Österreichische Nationalbibliothek/Bildarchiv
S. 103:	Historisches Museum der Stadt Wien
S. 109:	Österreichische Nationalbibliothek/Bildarchiv
S. 110:	Österreichische Nationalbibliothek/Bildarchiv
S. 117:	Aus: Wiener Geschichtsblätter 43 (1988), Heft 3, S. 45.
S. 121:	Österreichische Nationalbibliothek/Bildarchiv
S. 122:	Historisches Museum der Stadt Wien
S. 125:	Historisches Museum der Stadt Wien
S. 129:	Historisches Museum der Stadt Wien
S. 130:	Aus: Otto Krammer: Wiener Volkstypen. Von Buttenweibern, Zwiefel-Krowoten und anderen Wiener Originalen, S. 125. © Wilhelm Braumüller, Universitäts-Verlagsbuchhandlung Ges.m.b.H. & Co.KG, Wien 1983
S. 131:	Historisches Museum der Stadt Wien
S. 135:	Aus: Theodor Weyl: Die Assanierung von Wien. Leipzig 1902, S. 94.
S. 136:	Aus: Theodor Weyl: Die Assanierung von Wien. Leipzig 1902, S. 100.
S. 137:	Historisches Museum der Stadt Wien
S. 141:	Historisches Museum der Stadt Wien
S. 147:	Historisches Museum der Stadt Wien
S. 155:	Aus: Klemens Dorn: Favoriten. Ein Heimatbuch des 10. Wiener Gemeindebezirkes. Wien 1928, S. 135.
S. 159:	Aus: Klemens Dorn: Favoriten. Ein Heimatbuch des 10. Wiener Gemeindebezirkes. Wien 1928, Umschlagbild.

S. 163: Aus: Zeitschrift für Gewerbe-Hygiene, Unfall-Verhütung und Arbeiter-Wohlfahrts-Einrichtungen 13 (1906), S. 287.
S. 169: Aus: Beiträge zur historischen Sozialkunde, Nr.2/87, S. 69.
S. 175: Aus: Gerhard Jagschitz, Klaus-Dieter Mulley (Hg.): Die »wilden« fünfziger Jahre. St. Pölten–Wien 1985, S. 205.

S. 25, 38, 100, 109, 110, 121: Original: Porträtsammlung, Bildarchiv und Fideikommißbibliothek der Österreichischen Nationalbibliothek Wien.

S. 41, 57, 63, 64, 65, 75, 85, 86, 89, 90, 99, 103, 122, 125, 129, 131, 137, 141, 147: Oiriginal im Historischen Museum der Stadt Wien.

Der Verlag bemühte sich, die Rechtsinhaber der Abbildungen ausfindig zu machen. Bei einigen ist ihm dies trotz intensiver Recherche nicht gelungen. Er ist selbstverständlich bereit, nachträgliche Forderungen im branchenüblichen Rahmen abzugelten.

Für wertvolle Hinweise und Informationen bedanke ich mich herzlich bei Herrn Krejci (MA 30/Kanalisation), Frau Dr. Dieberger (MA 15/Institut für Umweltmedizin) und Herrn Andreas Flaschner (MA 15/Städtische Desinfektionsanstalt).

Autor

Peter Payer, geb. 1962, Studium der Raumforschung/Raumordnung und der Geschichte, Absolvierung des Fakultätslehrganges für Museums- und Ausstellungsdidaktik an der Universität Wien. Forschungsarbeiten zur Stadtgeschichte Wiens (Kinos im 7. Bezirk, Jüdische Geschichte der Brigittenau, Hausmeister in Wien), Konzeption und Gestaltung von Ausstellungen, journalistische Tätigkeit. Mitbegründer und Obmann von »Punkt.Verein für wissenschaftliche und künstlerische Arbeit. Geschichte-Architektur-Raumforschung«. Seit 1994 Mitarbeiter der Gebietsbetreuung Wien-Brigittenau (Bereich Stadtforschung und Stadterneuerung).

Publikationen: Licht-Spiele. Neubauer Kinos gestern und heute (Co-Autor, 1992); Die Kirche St. Johann von Nepomuk in Meidling. Eine Architekturgeschichte vom Vormärz bis heute (1993); Das Kosmos-Kino. Lichtspiele zwischen Kunst und Kommerz (Co-Autor, 1995); Jüdische Brigittenau. Auf den Spuren einer verschwundenen Kultur (1995); Der Hausmeister. Eine aussterbende Respektsperson (1995); diverse Artikel in Zeitungen und Fachzeitschriften.

Die Nase ist das Schicksal des Menschen.

(Joseph Roth)